ルイジ・ルキーニ 著
西川秀和 翻訳・解説

皇妃エリザベートの暗殺者 ルイジ・ルキーニ回顧録

集英社インターナショナル

皇妃エリザベートの暗殺者　ルイジ・ルキーニ回顧録

Histoire D'un Enfant Abandonné
À La Fin Du XIXe Siècle
Racontée Par Lui-Même

ルキーニ関連地図

①**パリ**：1873年4月22日、ルキーニ誕生
②**ランテネ**：1874年9月30日まで里親のもとで養育
③**パルマ**：
2つの孤児院とモニチ家で幼少期を過ごす
④**ヴァラーノ・デ・メレガーリ**：
1882年にニカシ家に移る
⑤**ジェノヴァ**：1887年、ニカシ家を離れたルキーニがまず向かった先
⑥**ティチーノ州**：1889年からキアッソ、アイロロなどスイス南部の各地で働く
⑦**レマン湖周辺**：1892年にアルプス山脈を素足で超え、各地の建設現場などで働く
⑧**ウエティコン**：1893年、カサグランデ氏のもとで煉瓦職人として6カ月ほど働く
⑨**ウィーン**：1894年春に数日滞在
⑩**ブダペスト**：1894年7月10日に司法当局に出頭
⑪**トリエステ**：イタリア送還を求めイタリア領事館へ出頭
⑫**ナポリ**：1894年12月9日、
モンフェラート第13騎兵連隊に入隊
⑬**パレルモ**：1897年12月15日に除隊後、ダラゴナ公の家で3カ月半従僕として働く
⑭**マルティニ**：ジェノヴァ、トリノを経由しサン・ベルナール峠を超えスイスへ
⑮**サルヴァン**：1898年、
マッセラ親方のもとで左官として働く
⑯**ローザンヌ**：1898年5月20日に到着、
無政府主義の集会に参加
⑰**ジュネーヴ**：アンリ・ドルレアン暗殺のため
1898年9月5日に到着

ルキーニ関連地図 1
誕生から終焉の地までの足跡
ドイツ
①パリ
②ランテネ
フランス
⑧ウエティコン
⑨ウィーン
⑯ローザンヌ
⑦レマン湖
スイス
⑥ティチーノ州
⑰ジュネーヴ
⑮サルヴァン
⑭マルティニ
⑪トリエステ
③パルマ
⑤ジェノヴァ
イタリア
④ヴァラーノ・デ・
メレガーリ
ローマ
⑫ナポリ
⑬パレルモ

19世紀後半のヨーロッパ

19世紀後半のジュネーヴ

⑱ **アンフェル通り8番地**：ルキーニが滞在していたセドゥ夫人の下宿屋

⑲ **アングレ公園**：ルキーニが立ち寄った公園

⑳ **モン–ブラン湖岸通り**：襲撃現場

㉑ **サン・タントワーヌ監獄**：尋問中にルキーニが収容されていた監獄

㉒ **パレ・ド・ジュスティス**：裁判所をはじめ司法当局が入っている建物

㉓ **エヴェシュ監獄**：終身刑を受けたルキーニが収容されていた監獄。ルキーニ終焉の地

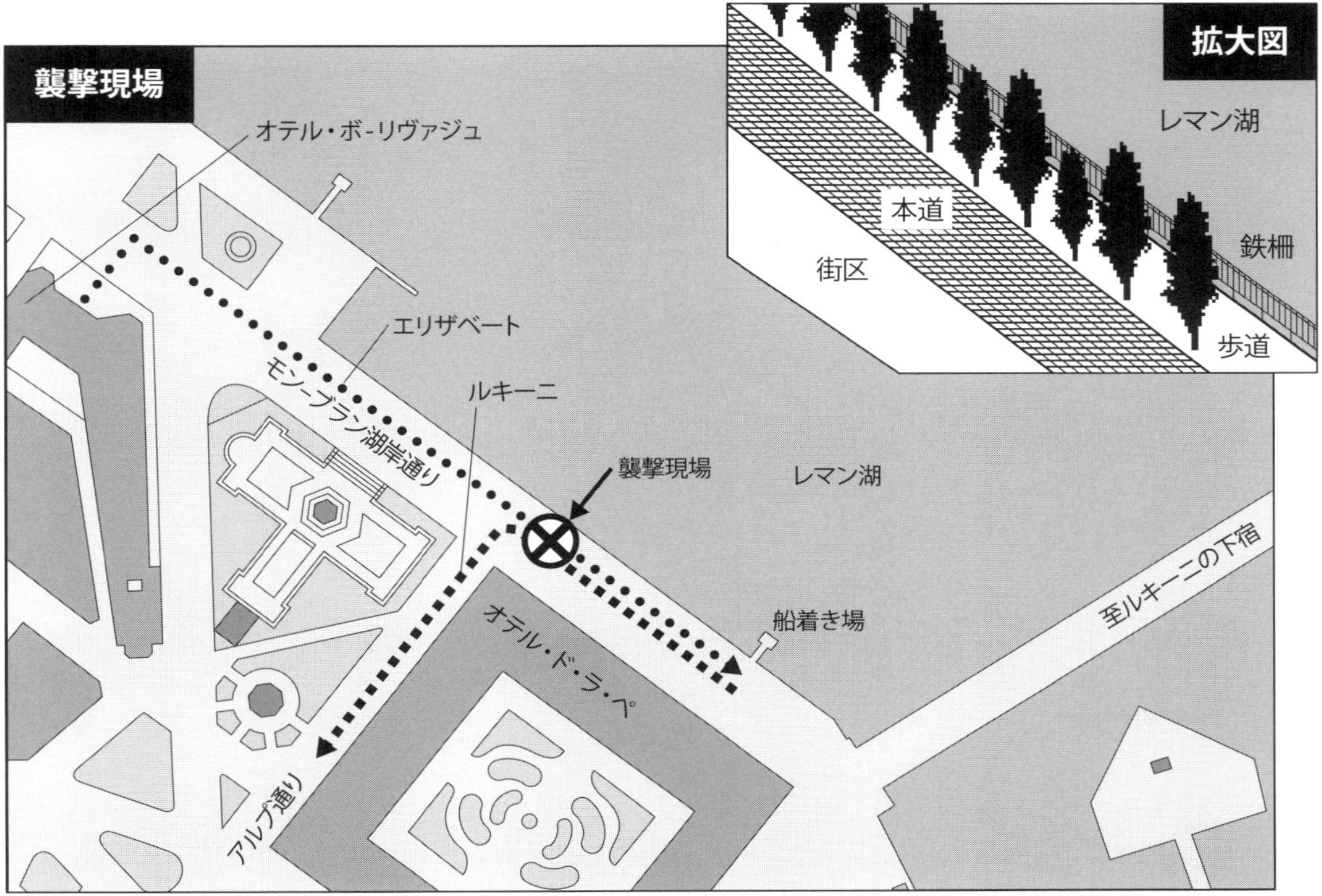
襲撃現場
オテル・ボ-リヴァジュ
エリザベート
モン-ブラン湖岸通り
ルキーニ
襲撃現場
レマン湖
オテル・ド・ラ・ペ
船着き場
至ルキーニの下宿
アルプ通り
拡大図
レマン湖
本道
鉄柵
街区
歩道

装丁・本文デザイン　大森裕二
カバー写真　Cynet Photo

目次

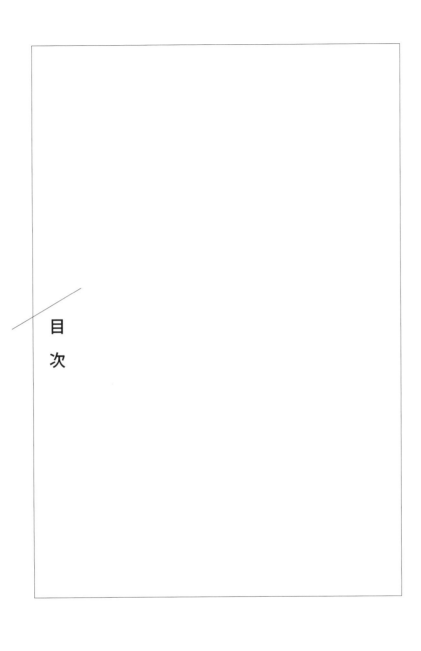

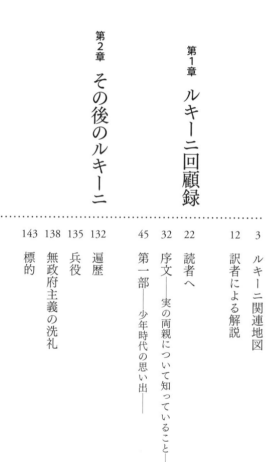

第4章　不審死

訳者による解説

『ルキーニ回顧録』はルイジ・ルキーニ本人がジュネーヴの獄中で記した半生記である。ルキーニはオーストリア皇妃エリザベートを暗殺したイタリアの無政府主義者であり、エリザベートの生涯を描いたウィーン発のミュージカル『エリザベート』（脚本・作詞ミヒャエル・クンツェ、作曲シルヴェスター・リーヴァイ）にも狂言回しとして登場する。

ミュージカル『エリザベート』は、死者の世界で裁判を受けるルキーニへの「なぜエリザベートを殺したのか」という尋問から始まる。ルキーニは「皇妃本人が望んだのだ」と言い、動機は「偉大なる愛だ」と答え、それを証明するためにエリザベート本人と同じ時代を生きた者たちを召喚して彼女の物語を語らせるという構成で進行していく。

しかし、実際のルキーニの言葉や、その人生については、これまであまり知られてこなかった。ルキーニは現実の裁判では何と証言し、どのような言葉を遺したのか。

ルキーニ自身の手で書かれたものは『ルキーニ回顧録』のほかにも「無政府主義の賛歌集」と呼ばれる手帳や年鑑に書き込まれた獄中日記、手紙類があるが、回顧録が最も重要である。ルキーニの生い立ちから孤児院での暮らし、そして里親との関係などが綴られているだけではなく、どのような考え方をしていたかがうかがい知れるからである。

ここでは回顧録の読解に役立つ事前知識としてルキーニの半生を紹介する。さまざまな記録や資料を参考にしてまとめているので、ルキーニ本人の記述と食い違っている場合があることに注意してほしい。

パリ市立古文書館に保管されている一八七三年五月一日付の公文書によると、ルキーニは一八七三年四月二二日にパリ一二区にあるサン＝タントワーヌ救済院で生まれた。公文書では Lucchéni という綴りが削除され、Lucheni に訂正されている。ルキーニという姓は母親の姓である。ほかにも Lachini、Lacchini、Lucchini といった綴りがある。当時、そうした綴りのばらつきは珍しいことではなかった。

ルキーニを産んだ時、母親は二六歳であった。母親の名前もルキーニと同じく Louise Lucchéni、もしくは Louise Lucchini、Luigia Lacchini といったばらつきがある。本書ではルイーズと呼ぶことにする。ルイーズは出産の半年くらい前に仕事を求めてパリにやって来たという。父親が一緒にいなかったうえ、ルイーズにも仕事が見つからなかった。結局、ルキーニは四五二二九番の捨て子として登録されることになった。それからルキーニはフランス中部にあるランテネという町に住む里親のもとに移された。そして、一八七四年九月三〇日までランテネで養育された。

幼いルキーニの運命を変えたのはフランス当局の決定である。フランス当局はルイーズが妊娠を隠して子供を捨てるためにイタリアからパリに出たと判断し、ルキーニをイタリアに送還することにした。フランス当局の要請に応じたイタリア当局はルイーズの出身地であるパルマ県の孤児院にルキーニを受け入れることにした。一八七四年一〇月三日午後三時五分、ルキーニを乗せた汽車はパリを発って南に向かった。翌日、汽車はフレジュス鉄道トンネルを抜けてイタリアに入った。こうしてルキーニは子供時代をイタリア北部のパルマで過ごすことになった。

一〇月七日、ルキーニはパルマにある孤児院に収容された。孤児院の正式名称はオスピツィオ・デグリ・エスポスティである。それから八日後、孤児院はルキーニをパルマ市内に住むモニチ夫妻に託した。その後、ルキーニはモニチ夫妻の家でしばらく暮らした。ルキーニの記述からすると、モニチ家での暮らしは豊かではないが楽しいものであったようだ。

一八八一年四月二一日、ルキーニはモニチ夫妻によって別の孤児院に預けられた。その孤児院の正式名称はオスピツィオ・デル・アルティであり、ルキーニがパリから到着した時に最初に預けられた孤児院とは異なる。孤児院での生活は凍傷で一カ月入院した期間を除くと約一〇カ月に及んだ。その翌年の三月二一日にルキーニはニカシ家に引き取られてパルマの南西にあるヴァラーノ・デ・メレガーリという村に移った。ニカシ家での生活はルキーニの子供時代において最も悲惨な記憶だったようだ。一四歳を目前に控えたルキーニが里親のもとを出奔するところで回顧録は終わっている。それはルキーニの子供時代の終わりであった。

ルキーニが獄中で不審死を遂げたせいで回顧録は未完に終わった。そこで訳者が回顧録に続くルキーニの青年時代の物語と暗殺の経緯、予審と裁判、そして獄中生活からその最期に至るまでを補った。ルキーニの後半生をまとめるにあたって、回顧録を編纂《へんさん》した古文書学者サント・カッポンの記述のほか、回顧録のイタリア語訳を出版したコラッド・トルフェッリの解説、マリーア・マトレイとアンスヴァルト・クリューガーによって公刊されたジュネーヴ当局の記録、当時の新聞報道などを参照した。特にジュネーヴ当局の記録はルキーニが犯行について直接語った重要な記録である。

回顧録に話を戻そう。回顧録は「読者へ」と題する部分から始まっていることから刊行を前提に書かれていることがわかる。読者に訴えかけるように書かれている部分があるかと思えば、母親に呼びかけるように書かれている部分があったり、自分のことを「私」と一人称で表現した部分があるかと思えば、「彼」と三人称で表現した部分があったりするなど技巧を凝らそうと苦心した様子がうかがえる。

回顧録はフランス語で書かれている。ただ、ところどころにイタリア語や英語の語彙が含まれている。そもそもフランス語はルキーニの母語ではない。上述のようにルキーニはフランス生まれであるが、幼少期の大半をイタリアで過ごしているので話したり書いたりする時に使っていた言語は主にイタリア語である。フランス語で書くことを学んだのは監獄に入ってからである。ルキーニは、一九〇〇年一月七日付の手紙に「これは私が初めて書いたフランス語だ」と記している。ルキーニによれば、学校でフランス語を学んだことはなく読書を通じてフランス語を学んだという。

回顧録を編纂したカッポンは『ル・タン紙』(一九九八年九月五日付)の取材に答えて以下のように述べている。

ルキーニは自分が何者であり、どこから来たのかを世間に説明したかった。しかし、それは簡単なことではなかった。なぜなら監獄に入った時、彼はフランス語を話すのが下手だったからだ。

彼の最初の望みは自分の記憶をうまく綴れるようにフランス語をしっかり身につけることであった。

なぜ母語ではないフランス語で回顧録を書こうとしたのか。イタリア語よりも国際的な言語であるフランス語で書いたほうがより多くの人びとの目に触れる可能性が高かったからだと考えられる。きっとルキーニは回顧録が世間の評判になることを期待していたのだろう。

回顧録ではルキーニの暮らしだけではなく、社会福祉や宗教観などに関するルキーニ独自の思想も余すところなく展開されている。ルキーニの記述は、一九世紀後半のイタリアにおいて社会からほとんど注目されることのなかった恵まれない人びとの暮らしに光を当てる貴重な証言である。また孤児院の制度的欠陥に関する指摘はルキーニが鋭い洞察力を持っていたことを示している。

またルキーニが綴った文章を読むと、多くの書籍に影響を受けたことが推察できる。実際、ルキーニは獄中で多くの書籍に親しんでいた。回顧録にはヴィクトル・ユゴーの『レ・ミゼラブル』やジャン‐ジャック・ルソーの『告白』を想起させる内容が含まれている。カッポンは上述の取材において「ルキーニは『レ・ミゼラブル』や『家なき子』を読んでいたが、現実を粉飾していると非難している。声を上げる勇気を持たないあらゆる見捨てられた子供たちのために自分が証人になりたいと考えていた」と述べている。

ルキーニは回顧録を刊行することで何を世に問おうとしたのか。一見すると、ルキーニは暗殺事件を起こした要因を社会的不平等に帰すことで罪を免れようとしているように思える。それは半分正しいが、半分誤っている。なぜならルキーニは暗殺事件を起こした要因を社会的不平等に帰しているものの、自ら死刑を望んだことからわかるように罪を認めているからである。

ルキーニが死刑を望んだ理由は定かではない。おそらくヘイマーケット事件から影響を受けたと考えられる。一八八六年五月に起きたヘイマーケット事件は八時間労働制を求めて集会を開いた労働者たちが警察と衝突した事件である。労働者が逮捕され、死刑宣告を受けた。死刑執行を受けた者たちは「無政府主義、万歳」と叫んだという。そうした逸話は広く伝えられ、彼らは英雄として祭り上げられた。ルキーニには一種の英雄願望があったのかもしれない。

いずれにせよ、回顧録は処罰を免れる方便として書かれたものではない。ではルキーニは回顧録を何のために書いたのか。「犯罪学の父」と呼ばれるチェーザレ・ロンブローゾが発表したルキーニに関する論文が回顧録の執筆に大きな影響を与えたようである。それはルキーニが暗殺事件を起こした原因を先天的な要素に求める論文であった。

ロンブローゾは犯罪学に科学的方法を導入し、生得的に犯罪者の性質を持つ者が存在するという生得的犯罪者説を主張したイタリアの精神科医である。ルキーニに関する所見を述べた論文のほかにヘイマーケット事件で逮捕された無政府主義者に関する分析で知られている。ロンブローゾは無政府主義者に生得的な犯罪者の特質があると断定した。

ルキーニはそうしたロンブローゾの生得的犯罪者説に強く反発し、自らの経験を綴ることによって社会的不平等が暗殺事件の要因であると訴えた。獄中での面談でルキーニは「私はロンブローゾの生得的犯罪者説に抗議する。もしそれが真実であれば、私は一八九八年九月一〇日に暗殺のために待ち伏せすることはなかっただろう」と断言している。つまり、ルキーニにとって暗殺は恵まれない人びとによる特権階級に対する復讐であり、特権階級に悔悛《かいしゅん》を促すための警告であった。生得的犯罪者説を認めてしまえば、ルキーニにとって暗殺の意義が失われてしまう。だからこそルキーニは生得的犯罪者説に強く反駁《はんばく》した。

また回顧録はルキーニに思わぬ効果をもたらした。カッポンによれば、回顧録で自己の苦悩を語り、その原因となった事実に直面することによってルキーニに精神の浄化がもたらされたという。投獄された当初、ルキーニは自分を捨てた母親を恨んでいたが、多くの読書や回顧録の執筆を通じて母親もまた自分と同じく社会的不公正の犠牲者であったと認識を改めた。まさにキリストがその身を捧げて全人類の罪を贖《あがな》ったように、エリザベートの流した血は恨みを忘れて愛することを知る機会をルキーニに与えることで大いなる救済をもたらした。それは不幸な子供たちの耐え難い運命に関心を持っていたエリザベートにとって幽世《かくりよ》の慰めとなるのではないか。

回顧録が世に出た経緯について少し触れておきたい。回顧録は長らくその存在自体が知られていなかった。一九三八年にカッポンの父親が元看守の娘から買い取ったものだという。ルキーニが監獄で死去した後、元看守は五冊の青い表紙の手帳をずっと保管していた。元看守が一九三七年に亡くなったため、遺品整理の一環として手帳が売りに出された。サント・カッポンの父親の手に渡った手帳はそのまま死蔵された。一九六三年、年老いた父親の文書を整理する中でサント・カッポンは手帳を発見した。サント・カッポンの手によって手帳に綴られたルキーニの文章が編纂され、暗殺事件が起きてからちょうど一〇〇年後の一九九八年に『シシィの暗殺者の回顧録』として刊行された。本書は

『シシィの暗殺者の回顧録』を底本としている。解説の締めくくりとして、カッポンが回顧録の出版に際して『ル・タン紙』（同上）の取材で述べた言葉を紹介しておこう。

エリザベートとルキーニは二人とも誤解されていた。たとえ誤解されても自分で何か書いておけば物事をはっきりさせられる。だからルキーニは手帳［に回顧録］を書き、オーストリア皇妃エリザベートは多くの詩を残した。［中略］。死後も残る真実によってルキーニもエリザベートも自分たちが何者であるか示した。このようにまったく異なる境遇の二人に何か繋がりを見いだすことは難しいが、彼らにはそのような共通点もあった。［中略］。今日、シシィの歴史的な側面よりも神話的な側面が強調されている。しかし、もし悲劇的な結末がなければ、彼女は神話的存在になり得ただろうか。［暗殺事件から］一〇〇周年を迎えた今、ルキーニに歴史上の正しい位置を与える機会である。まずルキーニ自身についてあらゆることを学ぼう。彼が何者であったか知るために。そして、エリザベートとどのような関係にあったか知るために。いつしか犠牲者と暗殺者は切り離せない［運命の］絆を結ぶことになるだろう。

注記

※ルキーニという名前はルケーニ、もしくはルッケーニというカタカナ表記のほうがより正確だが、一般に馴染み深いルキーニを採用した。またエリザベートもエリーザベトというカタカナ表記のほうがより正確だが、同じく一般に馴染み深いエリザベートを採用した。

※できる限り原文に忠実な翻訳となるように努めつつ、同時に読み物として楽しめる訳文となるように配慮した。訳文の読解が困難な箇所があるが、それは翻訳の問題ではなく原文の性質に由来する。

※ルキーニによって書かれた回顧録の原文の中にはPRISONといったようにすべて大文字で強調されている部分や**père**といったように太字で強調されている部分がある。おそらくルキーニはそうした部分に特別な意味を込めているようである。そうした部分をすべて訳注で指摘すると煩雑になるので**牢獄**や**父親**といった太字で示す。また原文が斜字体で書かれている部分は同じく斜字体で示す。

※回顧録の章立てや区切りは底本の『シシィの暗殺者の回顧録』に準拠している。

※本文中の（　）は原文で補われている言葉であり、［　］は訳者が補った言葉である。

※anarchisme（アナーキズム）にはさまざまな考え方が含まれ、「無政府主義」という訳語は必ずしも正確とは言えない。ただ「無政府主義」という訳語が定着しているのでそのまま使用する。

※特定の人種や民族、職業、身体的特徴に関するさまざまな侮蔑的表現や誤謬《ごびゅう》は訳者の認識によるものではなく、あくまで原著者の認識によるものである。できる限り原文を尊重しつつ、現代の基準から適切ではないと判断した訳語を一部改めていることに注意してほしい。差別や偏見の助長は訳者が決して望まないことである。

第1章 ルキーニ回顧録

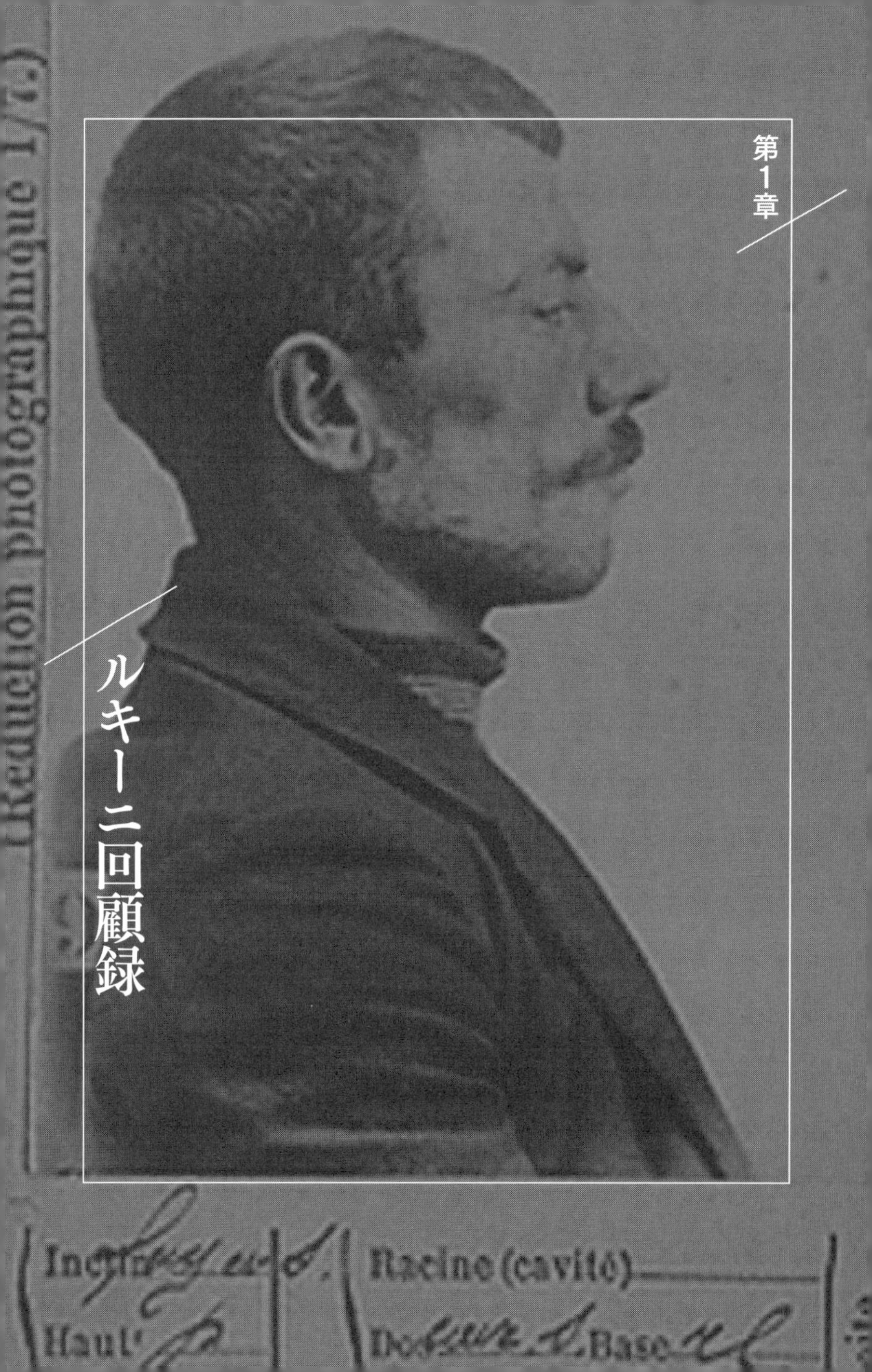

読者へ

ここで私は我が人生の話を君に提供する。読んでみるとあまりに奇抜な内容なので、君は私が嘘しか書いていないときっと思うだろう。

しかしながら、私は君に間違いを認めさせようと望んでいるわけではない。それは私にとって心苦しいことだ。

いずれにせよ、私は神に感謝を捧げるように君に忠告したい。なぜなら、君が私のことを間違っていると判断できるのは神から恩恵を授かっているからだ。その一方、私は神から完全に見放されていた。

回顧録を書く目的は何かと君が私に問いかけたら、多くの目的があると私は答えるだろう。ただそうした多くの目的の中に君が想像するような目的、すなわち君に慈悲を求めるという目的があるはずだと思って探してみても無駄である。君は何も見つけられないだろう。君が私の言葉で驚いたのであれば、この真実の物語を読むことでそうした驚きが緩和されるはずだと予告しておきたい。

読み終わった後でも君はまだ態度を変えずにいられるだろうか。私はそうではないと思っている。君に納得してもらえることを切望しているからだ。君が忘れているなら（不幸な者たちはすぐに忘れ去られてしまう)、私は君に思い出させよう。思想を持つことがあらゆる者に分け隔てなく許される世界に今、私が生きていることを。そして、この地球上では誰もがわざわざ鎧戸に囲まれなくても思想家になれる(ならざるを得ない……)ことを[トルフェッリによれば、たとえ牢獄にいようとも思想家になれるといった意味]。ディオゲネスに……倣《なら》う者[数々の奇行で知られる古代ギリシアの哲学者。それに倣う者は品格のない者を指している]を増やし続けていることを君の世界が誇りに思っているのであれば、品格こそ君の世界で絶対に必要とされるものだと君は悟るはずだ。もし私がこのような思慮による果実を収穫できていたらどうか。そのとおりであれば、剥奪——君は私から陽光を奪った——と引き換えに、私は君に負った借りをすでに十分に返したはずだと感じている[収監後に更生したルキーニは暗殺という「借り」を自由の剥奪によって十分に返せたはずだと主張している]。

君の心が平穏に保たれんことを。それが私の真摯な願いである。また私はかつて自分が味わった苦悩と同じくらい大きな幸福が君に訪れることを願う。そうした苦悩には君から受けた軽蔑——君はかつて軽蔑でもって私のささやかな誠意を踏みにじった——も含まれている。

君が神に不満を訴えるのは筋違いだろう。

どのような理由で私が回顧録の執筆をする気になったのか君は知りたいだろうか。では最も重要な理由を三つ挙げよう。

一、社会的不公正の犠牲者たちに強い関心を抱いているように見える知識人たちは、奈落の底に落ちた犠牲者たちを見ると、同情を示すために、犠牲者たちが狭く長い道を進むのをやめるように仕向けている——それは終わりのない道である。

もしそうした同情が真摯なものであれば、犠牲者たちが大きな表通りを歩けるようにしてほしい。実際のところ、彼らが富を増やせるような近道はない（それなりの富があれば打たれても倒れずにすむ……それが彼らの考え方である）。しかし、彼らはそうした浅はかな目論見《もくろみ》を放棄することを余儀なくされるだろう。たとえ彼らが自然の摂理を乱していなくても、自然の摂理が彼らを拒絶するからだ。

立法者たちが刑法典に道徳律を課した日から始まる人道主義による貢献——その考え方によって不幸な者たちに借りが返されている——を私は見過ごしているわけではない。とはいえ、正直なところ、私は不公正のせいで私と同じような道を歩むことになる者を憐《あわ》れんだり、そのような者が栄誉を得られることを望んだりしているわけではない。というのも、「人道主義という」考え方が神聖なものとされると、真の正義の女神のために用意された台座を亡霊〔「厄介者」や「邪魔者」といった意味〕が塞《ふさ》いでしまうことになるからである。弱者が待ち望む唯一の女神……〔ルキーニは人道主義に一定の理解を示しながらも、人道主義によって誰でも救済されるようになれば、真の正義の女神による救済を本当に受けるべき者の機会が奪われてしまうのではないかと危惧しているのだろう〕。大学の課程で学んでいないこと（明らかに私の落ち度ではない）を根拠にして私の見解を馬鹿げていると主張する者たちがいるなら、私はそうした賢明な者たちに答えよう。当該の問題を論じるために私は自分自身についてよく理解しているうえに優れた能力を持っていると。私の能力はロンブローゾなる者が持つあらゆる能力を凌駕《りょうが》している……〔ロンブローゾはルキーニが犯罪者になったのは生得的な性質によるところが大きいと指摘している。ルキーニはロンブローゾの生得的犯罪者説を否定し、社会的不公正の犠牲者が犯罪者になると訴えている」。

この回顧録——人為的な……犯罪者［生得的な性質による犯罪者に対して人為的、すなわち環境的な要因による犯罪者］による自叙伝——を読んで人間の性質がどのように変化したのか本当に知りたければ、私は君たち犯罪学者を全員招待する。

二、社会的進歩を謳《うた》う者たち（社会的進歩は彼らにだけ恩恵をもたらすと私は考えている）は竪琴を爪弾《つまび》くことよりも、神がすべての創造物に授けた貴重な贈り物——愛撫《あいぶ》、微笑み、母の抱擁——を生まれた日から奪われている——文明的であることを誇りながらも無思慮な法律を制定している社会のせいである——見捨てられた子供たちにもっと関心を抱くべきである。たとえ子供たちが生き延びることができても、**強者**《つわもの》は自分たちの戦利品が奪われそうになれば［社会的不公正の］犠牲者を威圧するために法典の峻厳《しゅんげん》さを見せつける必要がある。法典は暴利をむさぼる強者によって作られたからだ。さらに強者は子供たちを唆《そそのか》す術《すべ》を心得ているばかりか、**子供たちをどうすれば堕落させられるか知っているので、**棘《とげ》が刺さっても子供たちは傷に気づかないと確信している。それはまったく驚くべきことではない。

三、数カ月にわたって新たに熱中できることが私の頭脳に与えられた。もちろんこれまでにも熱中できることは十分にあった。笑いに次ぐ笑いのせいで私は毎日四時間も自分の腹を抱えなければならなかった。そのような笑いはどうして引き起こされたのか。君の世界にいる住民たちに関して私が思っていたことのせいだ。ああ、読者よ、彼らは**食い扶持**《ぶち》にありつくためにとんぼ返りを打っている……。

ところで君に知ってほしいのだが、私は**祝福された**階層が彼らの神に感謝していないのに驚いている。**悪人**の神のように神殿——金の神殿——で祀《まつ》るべきである。私は祝福された階層に神がおわしますのを忘れていた……。この神はいったい何者なのか。その者は花の都に住む人間である。

悲運の皇妃を暗殺した者がお偉方の主張するような愚者ではないことを司法精神科医たちのような**洞察力**を持たない読者に納得してもらいたいと願って私は自分の人生について書いてみようと思った。愚者たちはほとんど空を見上げずに暮らしている。愚者たちの視界は多くの**雲**［NUAGES、上流階級が持つ権威や財力などに言及している］によって遮《さえぎ》られているからだ。上層に住む者たちは雲で身を包む術をよく知っている。それは**健全な状態**を維持するために絶対に必要な予防策だと私は思う。というのも、上層の環境は……**穏やかな**時でさえ……とても危険だからだ。

虚栄心で罪を犯したと私は非難されている。それは稚拙《ちせつ》な洞察である。たとえ虚栄心を抱いていたとしても、私は自分の境遇以上の働きを示すことで虚栄心を満たしただろう。そもそも虚栄心は上層の人びとによってのみ評価されるものだからである。

したがって、虚栄心が［犯行の］**動機**だという考え方に固執する者がもしいるなら、社会に責任があることも認めなければならない。もし社会が私を放置していなければ、私の**高慢な**本性を見抜いて矯正する機会があったはずだ。私に**白い**修了証書を取得する手段を与えなかった社会は、私がほかの場所で**赤い**［赤は無政府主義、社会主義、共産主義などに通じる色］修了証書を自由に取得するのを妨げることはできない。

通用するならどのような修了証書でもまったく中身は同じだと言えるかもしれない。見分けられるのは表装の色の違いだけである。数世代も経てば色はかつて帯びていた名誉を取り戻すだろう。今日の**大立者《おおだてもの》たち**が**彼らの**広大な土地——虚栄を競うために必要な手段——を所有できているのは先祖が罪を犯したおかげではなかろうか。

ああ、新聞記者たちよ、あなた方は職業病のせいで犯罪が起きた理由を探り出すのではなく理由を犯罪に当てはめている。もしあなた方が真実を伝えなければ——暗殺犯は**黄色の革の手袋をはめている**〔資本家に操作されている労働組合、いわゆる御用組合に属している労働者を指す〕とあなた方が伝えた時のように——、罰として発行部数が減少して**莫大な部数**を印刷できなくなってしまうだろう。いずれにせよ、この回顧録が神殿に放火する者〔社会秩序を崩壊させる者といった意味〕の精神やスパルタクス〔古代ローマに対する反乱を引き起こした奴隷の剣闘士〕の精神をもって書かれていることが十分に示されれば、回顧録の著者はあなた方の印刷機をさらに回転させる結果を生み出すだろう。

読者よ、君が学者たちの想像によって生み出された情景（悲しい真実と比べればお粗末な代物だ）を劇場で見せられているだけだと私は気づいている。君は涙を流すはずだ。そして、そのせいで君の貯水槽はずっと涸《か》れてしまうだろう。それでも私の**幸福な幼少期**が暗転するのを読めば、きっと君はまた涙を雨のように流すだろう。たとえ私の予想が的中しても、〔涙の〕嵐の後に繊細な肌に残された乱れを整えるために君はサン-ゴバン〔鏡の製造会社の名称、転じて鏡のこと〕をのぞこうと駆け出さないでほしい。すぐに救いを君に送るので待ってほしい。続けて読んでくれれば、君の別の貯水槽から笑いが噴き出すはずだ〔トルフェッリによれば、この部分は富裕層の豪華な浴室と対比させることでルキーニの牢獄の惨状を際立たせる比喩〕。

さて繊細な肌について言及したところで（君が**優れていること**を鼻にかけないほど謙虚であることを私は祈りたい）、私は「［運命の］車輪の中心に置かれている」（パスカル）現代のゴリアテたち［旧約聖書に登場する巨人、転じて並外れて強力な存在］をちょうど思い出した……［パスカルの言葉を引用したと考えられるが、完全に一致する言葉は見つからない。ただ『パンセ』の中に「大貴族にも庶民にも、同じ波乱、同じ心労、同じ情熱が生じる。しかし一方は車輪の上部にいるが、他方は中心付近にいる。こうして同じ運動によっても揺さぶられ方が小さい（塩川徹也訳）」という文章がある。この文章をルキーニは「車輪の中心」、すなわち社会の中央に置かれている上流階級（現代のゴリアテたち）は運命の変転を受けても影響が小さいと解釈している］。

巨人たちが私の話とどのような関係があるのか。深い関係がある。私が回顧録を捧げたいのはその巨人たちである。ただ誤った教育（彼らを現実から引き離しているばかりか、無益な奢侈《しゃし》に耽《ふけ》ることで同胞である人類に甚大な悪影響を与えていることを彼らに自覚させない教育）を受けた巨人たちに情状酌量を公正に認めるべきだろう。この回顧録を読むことで巨人たちは、人間性の侵害という罪が大多数の者たちにとって非常に有害だと納得できるはずだ。求めさえすれば圧制への扉が開かれ新しい圧制が確立されることを伝えずに、**開けゴマ**［文字や知識のみを純粋に教えることを意味している］とだけ伝える本で狼の子供たち［本能しかない自然状態の子供たちのこと、もしくは将来、巨人になり得る子供たちのこと］を教育しなければならない。以上の理由でこれから私が述べることの重要性がより増すだろう。

読者よ、君は自分が運命決定論者だと宣言することにためらいを感じつつも運命決定論を信じているなどとまだ言っているのだろうか。幸いにも君が十分な時間を取って私の回顧録を丹念に読んでくれれば、きっと疑念は晴れ、君の信念は揺るぎないものになるだろう［ルキーニは運命決定論者ではない。運命決定論に疑念を感じている読者が回顧録を読めば運命決定論をはっきり否定できるようになるとルキーニは考えていた］。

つまらないことで私の人生の進路が変えられたと思えるような機会が多くあったものの、千里眼を持つと言われる者たちを信じられないのと同じく、そのような目に見えない力の存在を私はとうてい信じられない。

私は君が公平な判断を下せる者だと信じている。君は私が率直に物事を述べていると納得してくれるだろう。読者よ、私は君の手を拝借したい。いったい何か。すなわち、君の手帳から一頁を割き、私の犯罪に何点を割り振るか――たとえば一〇〇点――少し考えて**借方**《かりかた》の欄に書いてみてほしい［まず犯罪を社会に対する借方に計上したうえで、貧困や家庭環境など本人の責任ではないことを社会に対する貸方に計上して比較するようにルキーニは求めている］。

それが終わったら、回顧録を読みながらあらゆる点数――私の不運、私の欠点、そして私の優れた性質の点数――を**付けて**［借方と貸方《かしかた》］それぞれの欄に書き留めてほしい。言うまでもないことかもしれないが、君は私の思想［の優劣］の程度で処罰を下してはならない。というのも、思想［の優劣］の程度で［人間を］推し量れる［絶対的な］基準など存在しないからである。そうである以上、君は自分の**資産**の程度を基準にして［人間を］推し量っている。それなりの資産があるのか［と君は知ろうとする］。君はなかなかの暮らしぶりだと気づくだろう。まずまずの暮らしぶりなのか［と君は知ろうとする」。君はまずまずの暮らしぶりだと気づくだろう。替えのシャツを持っていないのか「と君は知ろうとする」。その場合、君はシャツがくたびれていると気づくだろう。

最後に点数を総計すると、「借方と貸方の」総計にそれほど差がないと君は気づくはずだ。――それは社会が私の共犯であることを意味するので、君が思っているよりも私の罪は軽い。したがって、君は私に同情を示してもよいだろう。路上を自由に放浪している不幸な子供たちに君が出会った時に示すような同情を私に示してほしい。

不幸な子供たちに声をかけてほしい。そして、君自身の子供たちに与えるような言葉を不幸な子供たち――君の子供たちの本当のきょうだいであるかのように――にもかけてほしい。もしかすると本当に……君の子供もいるかもしれない。

言葉をかけるだけで十分に不幸が軽減されるので、後にその子供が無害「な存在」になることもあると君はわかっているのだろうか。

住処《すみか》がない年老いた人びとのことも忘れてはならない。彼らに住処がないのは君が少し広すぎる邸宅を建てたいと望んだからだ。

君はこの回顧録の対価を私に与えるよりもそのような行動「社会的弱者を救済したり思いやりを示したりする行動のこと」を取ってほしい。私は回顧録を君に無償で提供している。ただ歓喜の震えを我が同胞の**高潔な死者の霊**のもとに送るために。

エヴェシェ　一九〇七年　　**臆病なナザレ派**

署名：ルイジ・ルキーニ

高潔な世界主義者

［エヴェシェはルキーニが収監されていたジュネーヴの監獄である。また臆病なナザレ派とは迫害を受けながらもキリスト教を広めたナザレ派に自らをなぞらえた表現である］

序文

――実の両親について知っていること――

「イタリア人の両親の子供としておまえはパリで生まれた。おまえの父親は誰かわからず、おまえの母親も誰かわからない。おまえの両親は実の両親ではない」

こうした単刀直入な言葉のせいで、血縁関係が正当なものだと主張したいという私の矜持《きょうじ》が傷つけられた。その瞬間まで私は二人の人間――父と母という神聖な言葉で私が呼んでいた人間――との血縁関係が正当なものだと信じていた。

「そのようなことを私に悟らせた」この場違いな系譜学者は誰だったのか。一〇歳の子供であった。その子供は私と同じ紋章を帯びていたように思う。私は何歳だったのか。その時、八歳だった私はパルマの孤児院に再び収容されたばかりであった。

それは私がそのような日々を過ごす原因を作った張本人に関して最初にわかった手掛かりであった。いったいどのような状況でそれが伝えられたのかは後述する。当時、私はそれに無関心であった。馬鹿げたことだと思ったからだ。しかし、私はそれがまさに悲しい真実なのだとすぐに悟った。

六年後に一四歳を迎えた時、私は両親についてさらに二つの言葉を知ることになった。その二つの言葉を私はずっと大切にしてきたし、これからも大切にするだろう。それは私の不幸な母の姓と名

——ルキーニとルイーズ——である。その日、私は幸福な瞬間を味わった。旅券が入った封筒を受け取った日のことだ。私は封筒を開けて［旅券に記載されている］母の名前を初めて読んだ。——私にもたった一人の実の母親がいるとわかった。

これまで私には何人もの仮の母親がいた。

しかし、私の喜びは長く続かなかった。母の名前を知った今、母を簡単に見つけられるはずだと私は確信していた。それにしてもどこを探せば母を見つけられるのか。

私はずっと耳をすましていた。そして、ルイーズと呼ぶ声が偶然に聞こえると、すぐにその場所に駆けつけて、ルキーニという名前を尋ねて回ったが嘲笑されるばかりであった。

主の導きに**従う**ことを目的にしている**最も信仰篤《あつ》き**者たちである博愛主義者たちよ［富裕層に対する皮肉を込めた表現］、君たち全員が**召使いたち**——ソファーで遊んでいる君たちの子供たちを世話している時に高価なアンゴラ織りを駄目にしてしまった——をいつも追い立てている。君たちが本能を矯正することを忘れたせいで社会で生きることの大変さを知らず本能にのみ従うような子供が見たこともない母親を探し回るような純真な心を持てると思えるだろうか［わがままいっぱいに育てられた富裕層の子供は自分と同じような純真な心を持てるはずがないとルキーニは指摘している］。

はたして彼［三人称だがルキーニ本人のことを指している］は溢れんばかりの愛——他人が侮蔑するような愛——を赤面することなくひたすら受け入れてくれる胸を見つけられるだろうか。

ただそのためだけに母親を探し求めていたとはなんと哀れな子供だろう。博愛主義者たちよ、彼の大切なものがどこにあるか知っているにもかかわらず、なぜ君たちはすぐにそれを彼に教えようとしないのか。

愛を侮蔑すると憎しみが生じることを君たちは知らないのか。本質的にそうした憎しみは君たちの社会体制のせいで生じるあらゆる憎しみを助長するだろう（その繁殖力で名高い）。それにしても、そのような因果なしで社会構造を築けなかったのだろうか……［富裕層が自分たちにとって都合の良い社会体制を築くために貧困層を犠牲にして憎しみを買っているとルキーニは述べている］。

彼が多大な関心を抱いているこうした事実関係について君たちは彼と比べて何も知らないとは言えないだろう。君たちはよく知っているはずだ。君たちにそれをはっきりと悟らせるために、後に彼は君たちの一人をナイフで刺すことになるだろう［社会的不公正について認識しているはずの富裕層にそれをはっきりと自覚させるために暗殺という凶行に及んだとルキーニは述べている］。

彼の苦痛を増すために君たちは、彼が看破した**内容**［富裕層が社会的不公正を放置していることについて言及している］の質に応じて歩いたり、小走りになったり、疾走したりしながら彼の出生の謎をきっと明らかにするだろう。彼にはその謎を確かめる機会がなかった。

今日、私が自分の出生［の謎］とその原因を作った張本人について少しでも説明できる立場にあるとすれば、それはまさに私の罪のおかげである。なぜなら私がそれを知ったのは［罪を犯した］後だからである。

腹黒い者よ、君が私のためにしてくれたことに感謝を捧げたい。高潔な者よ、たとえメトセラ［旧約聖書に登場する長命のユダヤ族の長］の年齢になるまで私の人生を導いても君はそのようなことを私のためにしてくれなかっただろう。

［母親に関する］事実関係について私は以下のようなことを知った。

私の母はアルバレートというパルマ県にある小さな村の出身である（ボルゴターロ郡［パルマ県の西端にあった郡。一九二六年に廃止］）。

私はその村を知っている。パルマからジェノヴァに向かう途中、一晩だけ立ち寄ったことがあるからだ。村はこの県に属する最も険しい山々の上にある。数にして三〇〇人ほどの住民［トルフェッリによると、アルバレート全体の人口は一八七一年の時点で四一八八人であったという。ルキーニの母親が住んでいたという村はアルバレートに含まれる集落の一つであったと考えられる］は、教区司祭を筆頭とする数人の甘い汁を吸っている者たちを除いて質素な農民たちである。農民たちは山々の主な産物である栗を食べて一年の大部分を過ごしている。

彼らはまったく読み書きができず、自分たちを取り囲む山々の向こうに何があるのかも知らない。彼らはパルマの市場まで行く旅——およそ七五キロメートルの距離——について冬の間ずっと考えている。彼らのうちの誰かが先述の産物を満載した主人のラバたちを引いてそこまで行くことになっていた。

私の母の両親は甘い汁を吸っている者たちに属していなかった。そのため貧しい娘は羊飼いとして主人たちに使われていた。

＊

羊飼いの娘［ルキーニの母親のこと、以下はルキーニが若き日の母親に話しかけるという形式になっている」よ、どうして君は六カ月前のように君の務めをきちんと果たしていないのか。

君の羊が入ってはならない場所で草を食べているのが見えないのか。なんということだ。もし君が怠けているのが見つかったら、きっとその晩に叱責されたり殴られたりするのに、君は胡桃《くるみ》の木の下でただ座っているだけなのか。

よし、君の顔を覆っている前掛けを取ってしまえ。……いったいどうして君は泣いているのか。

君はどんな失敗をしたのか、つまり、どうして君は泣いているのか。

君は包み隠さず私に本心を教えてくれる。そして君は私に伝える。そのような仕打ちをした者が君にもう微笑みかけてくれないと。それは**彼**［主人の一人息子のこと］が婚約を守ってくれないことを示す兆候ではないかと恐れていると。彼は婚約を果たしてくれるだろうか。

不幸な者よ、私に教えてほしい。そのような不公正なことをした者は誰なのか。君はそれが君の主人の息子だと言いたいのか。ああ、哀れなルイーズよ、すぐに涙を拭うように。心配することはない。どうせ君は後でもっと苦しい涙を流すことになるのだから。持てる勇気をすべて振り絞れ。今はこの木の洞《ほら》に座るとよい。君が急に力を失っても倒れずにすむように。では私の質問に答えてほしい。

「黄色の漆喰《しっくい》が塗られた向こうにある家は誰の家か」

「私のご主人の家です」

「では木々が深く繋っている山裾は誰のものか」

「私のご主人のものです」

「では君の両親の家が含まれているあのあばら屋の集まりは誰のものか」

「私のご主人のものです」

「では美しい羊の群れは。――もう十分に食べて満腹なら好きなようにさせてはどうか。楽園から勝手に離れるようなことはないはずだから。――それで羊の群れは誰のものなのか」

「私のご主人のものです」

「いいかい、ルイーズ、いつかこうした財産は主人の一人息子――君と結婚すると約束した男［ルキーニの父親のこと、アルバレートの近隣にあるフォルタの富裕な地主のルイジ・ブランディーニという三〇代半ばの男だという説がある］――に相続されるだろう。彼が君と交わした婚約を守ると君は愚かにもまだ信じているのか。許婚者《いいなずけ》として八フラン［一九世紀後半におけるイタリアの通貨はリラだが、ラテン通貨同盟に基づき、フランスの通貨であるフランと同じ価値だと見なされていた］のドレスを着るために君はさらに二カ月も羊に草を食べさせるつもりなのか」

断言しよう。**君はだまされている。**


光陰の神［時間のこと］がこの不幸な女を気絶したままにする慈悲を持っているように願いたい。どうして彼女に生気を戻そうとするのか。もし彼女が人生を見つめ直すことになれば、きっと味わうことになる苦痛がわからないのか。――神よ、あなたは残酷だ。不幸な女の目を再び開かせるとは。それなら怒りを解き放て。見捨てられた女に怒りを抱かせよ。彼らに約束させよ。女のために食事を準備した後、女の子宮に宿っている赤児にも食事を準備すると。

しかしながら見よ、その赤児はおまえたちすべてに挑戦するほど強くなるだろう。そしておまえたちの走狗《そうく》がくり出すあらゆる攻撃に反撃するだろう。

さあルイーズよ、君は悲しい結びつきが生み出した果実を知ったはずだ。苦い果実を君はどのようにして呑み込むのか。

君の姿を見た隣人たちから笑いが起きるようになるのが目に浮かばないだろうか。君が心から愛する両親もいつかそれを知ることになるだろう。それではどうすればよいか。両親に知られる前に君は逃げ出したいと言うだろう。しかし、君はいったいどこに行けばよいのかわからないだろう。では今夜、羊を囲いに戻した時に君はそれを裏切り者に告げよ。きっと彼は君の決定を喜ぶはずだ。というのも君が村に残れば彼にとっても恥になるからだ。

不肖の父よ、犠牲者の重荷を下ろすのに骨を折っても私の赦《ゆる》しが得られるとは思わないように。確かにそのような行為はあなたの下劣な同類たちの中では間違いなく珍しいものだろう。しかし、もし神が私の祈りを聞き届ければ、あなたは自分の息子に呪われることになると知れ。

卑怯者［ルキーニの父親のこと］の手助けのおかげでこの不幸な女は計画を実行に移せた。それは自分の生まれた大地と村、そこで築いた友情を永遠に捨て去り、両親——もう二度と会えないだろう——に別れも告げずに旅立つという計画であった。

ああ、**上流社会のくだらない者ども**よ、おまえたちの累代に及ぶ高貴な血筋を恥じよ。そのような勝手な栄誉の構築物が何の役に立つのか。

もしおまえたちの中の誰かが凋落《ちょうらく》すれば（ご存じのとおりそのようなことはよく起きる）、おまえたちは田舎の羊飼いの娘に強いたのと同じ犠牲をその者に強いるのか。

求められる犠牲はせいぜいエジプトで一つの**季節**を過ごしたり、またはリギ［トルフェッリによると、ジェノヴァの港を見下ろす高台。一八九〇年代にケーブル・カーが敷設された。エジプトが旧約聖書におけるヘブライ人の苦難を示唆している一方、リギは過酷な労働に耐えることを示唆している］で一つの季節を過ごしたりすることだけだろう。たとえ彼の罪が緋《ひ》のように赤くても雪のように白くなる。たとえ彼らの罪が紅のように赤くても羊の毛のようになる（イザヤ書一章一八節）。

それから恥じよ。そしてひどい目に遭った羊飼いの娘の前で平伏せよ。

彼女はどこに向かっていたのか。彼女にそのような質問を投げかけないように。**旦那さま**——一緒に歩いているのを見られると恥ずかしいので一〇メートル先を歩いている——が自分をどこに連れて行こうとしているのか哀れな娘に何がわかるだろうか。

この**紳士**が**田舎娘**を連れて行った先はパリであった。一八七三年四月二二日、周りを取り巻くあらゆる物に驚きながら哀れなルイーズはずっと苦しめられてきた重荷をその街でようやく下ろせた。自然の法則に従えば、その瞬間から不幸な女は過去の苦しみの果実を喜びに変えられるはずであった。しかし、社会はそれまで不幸な女が耐えなければならなかった苦痛よりもはるかにつらい新たな苦痛をもたらした。

ルイーズよ、君は母親になったが、子供のいない母親になった。

「ああ、聖母は死神が私の愛する坊や（天使）を奪い去ることを許したのですか……」

「聖母のことはさておき、それよりも君にとって大事なことがある。君の息子は死んでいない。息子は元気に生きている。（ああ、巨人たちよ、私はおまえたちなど歯牙にもかけない）。君は私の悲痛をきっと気にせずにはいられなかったのだろう。しかし、ハガルよ、幼いイシマエルのために君に何ができただろうか［ハガルはヘブライ人の始祖アブラハムの妻サラに仕えるエジプト人の侍女である。アブラハムとの間にイシマエルをもうけたが、サラによって子供とともに砂漠に放逐された］

君の小樽は空であり君の籠《かご》にはパンが入っていないのが見えないのか。ヤハウェが君を救うために使いの者を遣わしてくれるはずだと期待しないのか［追放されたハガルは神の使いの者によって救われた］。

我々はアブラハムの時代に生きているわけではない。――**尊い始祖**であるアブラハムは哀れな侍女を見捨てた……そして、神に**愛される者**にして孤児たちの守り神であるほかならぬ彼自身の息子も。それなら君の幼い子供を諦めよ。もし君が子供と一緒にいれば、向こうにある生け垣の陰で二人とも餓死することになるとわかっているのか。

ああ、ルイーズよ、勇気を出せ。そして新たな不幸に耐えよ。たとえそれが母親に起こり得る最も悲惨なことであろうとも。

それに君自身が幼子を可愛がるように**社会**が幼子を可愛がってくれるなら君は幸せではないだろうか。

恐れるな。暗い予兆を払い除けよ。そのような予兆には何も根拠はないのだから。なんということだ。君は我々が**野蛮人**だと思っているのか。この世紀末までに我々が築き上げてきた**進歩**と**文明**のおかげで君の息子が同胞のために役立つ誠実な職人になれると君は思わないのか。

ではは出発の準備を整えて独りで旅立つように。君の赤いスカーフ——君のあらゆる不幸の**印**《しるし》にして**証**《あかし》——を私に手渡してくれ。君の粗末な衣服——この世で君が持っている唯一の財産——を私が包み隠せるように。

準備しておくように。北アメリカに向かう汽船に君を乗せるために彼がやって来る。彼は君に別れを告げ、君は彼が去って行くのを見ることになる。そして君はもう二度とこの世で彼に会うことはない［一八七四年四月頃にルイーズはニュー・ヨークに向けて出発し、その後の消息は不明である。一説によるとサン・フランシスコで結婚して酒場を経営していたという］。

＊

ああ親愛なる母よ、君がまだ生きているのか、それとも君が息子の将来について抱いていた予感が現実のものになる前に、君に負わせた不幸を後悔した神が君を御許《みもと》にお召しになったのかどうか私にはわからない。

ああ母よ、私は暴君たちの苛酷な性質を知るにつけ、君がまだ生きていると信じたい。もし君が生きているなら、息子が太陽を奪われたからといって、息子を胎内に宿した自分を呪わしく思わないでほしい。

君を呪うだなんて。ああ親愛なる母よ、君は息子がそれほど恩知らずだと思えたのか。自分があなたの胎内に宿った日からずっと君に与えていた苦痛を息子が知らないとでも。君が**無知**以外に擁護者を持たない貧しい召使いだったせいで唯一の宝である息子を預けなければならなくなったことを今、息子がわかっていないとでも。ああ母親たちの中で最も不幸な母よ、安心してほしい。君の面影さえ目に浮かべられない息子は君を呪うどころか、君が息子のせいで受けたあらゆる苦痛について君の前に跪《ひざまず》いて赦しを乞いたいと思っていることを知ってほしい。

ああ母よ、私の愛の証を受け取ってほしい。さしあたって私の魂が君の魂を見分けて永遠に続く抱擁で包み込むまでの間。

さようなら、心から愛する母よ、さようなら。

＊

私がパリのサン＝タントワーヌ救済院に連れて行かれたのは生後二日のことだった。そして生後一六カ月まで私はこの救済院で保育された。

ああフランス人よ、あなた方は復讐が遅れていること［普仏戦争でフランスが大敗したことについて言及している］についてずっと不満を述べている（できればどうかわかってほしい。もうそんなことは考えなくてもよいということを。**奴ら**［フランスの敵国であったプロイセンの人民を指している］も**人間**だということがわからないのか）。復讐が遅れている主な理由はあなた方が鶏小屋に溜め込んでいるつまらないもののせいである。すなわち、雌鶏たちが雄鶏と一緒になって現状に満足しているからであり、［うるさい］雛たちに囲まれても気にしていないからである［フランス社会（鶏小屋）では政府や有力者（雄鶏）と協調して現状を肯定しているだけの思想家や文筆家（雌鶏）が人民（雛）から何を言われても気にしないせいで普仏戦争の復讐を遂げられずにいるとルキーニは指摘している］。――どうしてあなた方はこの未来の軽騎兵《けいきへい》［ルキーニ本人のこと］を貧窮する者たちの園［イタリアの孤児院のこと］へ送り込んだのか。

［フランスを］去った後、私が［皇后に］短剣の一撃を加えることになったことで私を冷遇したことを残念に思うなどと言わないように［普仏戦争で敗北して以来、フランスはドイツを敵国と見なしてきた。オーストリアはそのドイツの同盟国である。つまり、ルキーニは敵陣営の皇后を暗殺した自分を冷遇したことをフランス人が後悔してもおかしくないはずだと言っている］。

フランス人よ、あなた方の三六年に及ぶ共和国［一八七〇年に成立した第三共和政］によるわずかな成果では、あなた方が森に与えた損害を償《つぐな》うにはまだほど遠いと私は思っている。――あなた方が［スダンの戦いで］**砲火を浴びせた**モミの森について私は言っている。しかし、あなた方が捨て子を世話したおかげでギアナ［南米の仏領ギアナのディアブル島は政治犯の流刑地として使われていた］の住人にならずにすんだことを私は認めざるを得ないし、それについてはあなた方に感謝するべきだろう。

つまり、もしルキーニがあなた方のもとで育っていれば、あなた方は私を暗殺者に仕立てる**栄誉**を得られなかっただろう。

その栄誉はほかの者たちのものだ。

＊

私がパリからパルマの孤児院に連れて行かれたのは生後一六カ月の時だった。この地方の思いやりのある役人たちは、**愛らしく幼い同胞市民**がアルプスの向こう側の共産主義者の手中に留まればきっと苦しむことになると心配した［ルキーニが生まれる数年前にパリで世界最初の労働者政権が成立している。「思いやりのある役人たち」という表現は皮肉である］。そして、彼らはまさに真の博愛主義者のように急いで子供を引き取ると、敬虔《けいけん》な慈善活動の恩恵を受けられるように保護施設に収容した。

ああパルマの立派な役人たちよ、フランス人が引き渡したこのふくよかな幼児をあなた方の手で一人前の男にしたことを誇りに思うように。そして、美しいイタリアの支配者であるあなた方がイタリアを導く際に傲慢にならないように。

あなた方が**蛮族**［古代ローマにおける帝国外に居住する民族のこと］とかつて呼んでいたあらゆる民族の間で［社会の］寄生虫がイタリアを覆い尽くしていることが知れわたっているのを知らないのか。だからこそ駆除せよ、駆除せよ……毒が全身に回ってしまう前に……［イタリアでは一八九八年に食料価格の高騰をきっかけにした暴動が起き、軍による鎮圧で多数の死傷者が出た。その復讐を唱える無政府主義者によるイタリア国王暗殺事件が一九〇〇年に発生した。新国王は自由主義的であったが、ルキーニからすれば旧弊を排除するには不十分であった］。

第一部 ――少年時代の思い出――

六歳の頃から私の回顧を始めよう。

その年齢になった頃、私はモニチ夫妻と暮らしていた。モニチ夫妻はパルマの町のナヴィル通り［イタリア語表記はナヴィリョ通り］二〇番地に住んでいた。

当時、モニチは六二歳であり、その妻は五九歳であった。夫妻には三人の子供――息子が二人と娘が一人――がいた。私が話題に取り上げている頃には三人ともすでに結婚していて、別の通りでそれぞれ所帯を構えていた。したがって、私は独りでモニチ老夫妻と一緒に暮らしていた。私は老夫妻を父と母と呼んでいた。

彼らとともに過ごした生活に関して非難するべき点は何もない。それどころか、わずかな記憶によると、彼らは実の二人の息子と同じように――私もそのように思っていた――私を愛してくれた。毎日、彼らは私を学校に送り出した。彼らは私を清潔に保ち、きちんとした身なりをさせた。欲しければいつでも私はパンを手に入れることができた。戸棚はずっと開いていたうえにいつもパンが入っていたからだ。私は老夫妻の向かい側にある小さな寝台で眠った。

モニチは靴作りを生業としていた。ただ私は彼が新しい靴を作っているところを一度も見たことがなく、古い靴を修理してばかりいた。［そういう仕事は］イタリア語では**靴直し**［「襤褸《ぼろ》靴、踵《かかと》の減った靴」に由来する蔑称］と呼ばれる。まだ年少であったが、私は靴を客から回収したり修理が終わった靴を客に届けたりするなど雑用をこなしていた。

モニチの妻は洗濯女であった。日曜日を除いて一日中、彼女は家を空けていた。

あらゆる男がそうであるようにモニチにも欠点があった。それはノア（神に格別に愛された者）と同じこと［酒に酔って醜態をさらすこと］をするという欠点である。――ただしモニチには良心の呵《か》責《しゃく》があった。

泥酔して帰宅するモニチを私は何度も見た。彼に比べればまだ節度のある仲間たちに家まで運んでもらったことも何度かあった。私はそれを鮮明に覚えている。そのような状態で帰宅するとモニチが私を腕の中に抱きしめて長い口髭を私の顔に押し付けながら、早く子種が欲しいから髭を生やしたおまえが見たいと言うのが常であったからだ。酩酊状態の彼の妄想によると、子種は髭によって生み出されるものであった。――子種を芽生えさせるかどうかは私しだいである……またはジュネーヴ人がそれを刈り取ろうとするかどうかである。

言うまでもないことかもしれないが、**種播《ま》き**［髭剃りのこと］の時に私が出した悲鳴は通りの全住民を叩き起こすほど大きなものであった。というのも、信じてもらえるかどうかはさておき、当時の私の肌はまだ柔らかかったからだ……。

モニチの欠点のせいで家庭の安寧が疎《おろそ》かにされたわけではない。仲間たちと違ってモニチは自分の嗜好を満足させる前に稼ぎの半分を妻にいつも渡していた。さらに彼は勤勉な働き手であり、数回の月曜日を除いてほとんど休まなかった。

室内を照らす唯一の窓の向かい側に置かれた作業台の前に座っているモニチの姿がずっと見えた。同じ家屋に住み続けていたことからすると、モニチは滞りなく家賃を払っていたようだ。

私の通っていた学校、すなわち幼稚園「イタリア語」は子供たちを送り出す保護者にとって非常に便利な場所であった。幼稚園は日曜を除いて毎日開いていた。幼稚園は朝八時に子供たちを迎え入れ、夜五時まで預かっていた。正午になると、児童たちは無料の昼食、すなわちスープ一杯を与えられた。言うまでもないことかもしれないが、この学校は貧しい子供たちや私のように孤児院に入っていた者たちのみを対象にしていた。この学校に子供が入れる年齢の下限は四歳であった。八歳の終わりまで子供はこの学校に留まれた。

モニチが私を孤児院に戻したのは私が学校から締め出される年齢を迎えたせいだったのか、それとも私の養育費が月八フランから五フランに減ったせいだったのか私にはわからない。

私が八歳を迎えた日、彼らは私を孤児院に戻した。それが事実である。

私を孤児院に戻す数日前、モニチはわざわざそれを予告してくれたうえに、なぜそうしなければならないのか理由を説明してくれた。彼が言うには、私の将来に関心を抱いているからだという。「私はおまえを施設に連れて行く」と彼は私に言った。「そこでならおまえは一二歳「の終わり」まで学校に通える。おまえがその年齢を迎えたらどのような技能を学びたいか問われるだろう。それからすぐに徒弟《とてい》奉公を始めることになる。おまえも見てのとおり、私の髪はすでに白くなっている。私は六四歳だ。いつ死んでもおかしくない年齢だ。そうなればおまえは私の助けを得られなくなる。もし私が死んでしまったらおまえはどうなってしまうのか」

「これから私はおまえを施設に預ける。そこでならきっと助けが得られるだろう」

これは酔っ払いのモニチが自分とは無縁であるはずの者［ルキーニのこと］に対してかけた言葉であった。シロップを専《もっぱ》ら飲んでいる［信心深い］禁酒協会の一員でもそのような言葉をかける者がいるだろうか。言うまでもないことかもしれないが、自分の子供にではなく拾った子供に。それに、このような言葉を述べた者は［世間から］酔っ払いだとしか思われていないのだ。

私はその年頃の子供ができる限りの答えをモニチに返した。私はモニチに教えた。たとえば死神に白髪を見られないように頭をさらけ出さないようにしたほうがよいとか、もし年齢を聞く者がいたら一〇歳と答えるようにしたほうがよいなどである。

こうして一八八一年四月二二日、私が八歳を迎えた日、モニチ夫妻は私を孤児院に連れて行くと、毎週日曜日にどちらかが私に会いに来ると約束した。彼らが面会を要望した時に（残念にも）ルイ［ルイジのフランス語表記］はもう孤児院にはいないと告げられる時までこの約束はずっと守られた。これから自分の人生に起こる変化が自分の将来にとって有益か有害か私がまだ判断できる年齢ではなかったことは容易に理解してもらえるだろう。八歳の子供がそのようなことを気にかけるだろうか。

正直に言うと、モニチ夫妻が私の気持ちを落ち着かせようとポケットにお菓子を詰めて泣かないようにしてくれたにもかかわらず、私は孤児院に向かう一時間の道中ずっと大泣きしていた。

幼かったとはいえ、この大きな施設に入ってしまえば、これまで父母として私の呼びかけに答えてくれていたモニチ夫妻はここではもう答えてくれないのだと容易に想像がついた。

誰が夫妻の代わりになってくれるのかと私は思った。

孤児院の管理部が私の名前に加えるべき登録番号を準備しているのを待っている間に孤児院の管理体制を少し紹介しよう。

＊

イタリアの各州都には孤児院が設けられていた。そうした孤児院がすべて同じ規則で管理されていたのか、それともそれぞれ独自の規則で運営されていたのか私にはわからない。

おそらく後者の推測が正しいと私は考えている。というのも、ほかの三つの孤児院で子供たちが着用している制服を見る機会があったが、制服はそれぞれ見るからに違っていたし、私がパルマの孤児院で着用していた制服とも違っていたからだ。

したがって、私はここでパルマの孤児院についてのみ言及する。ただ私の語る孤児院の管理「体制」は二五年前の話だと言っておかなければならない。二五年間で孤児院がその悲惨な状況を改善しているはずだと思えれば幸いであり、喜ばしいことだ。孤児院は私から賞賛を得てしかるべきだと思っているだろう。しかし、私からすると、孤児院は正当な非難に値する悲惨な状況にあった。

その地方に住むあらゆる勤勉な親たちは子供たちを厄介払いしたければ、生まれた日から一二歳「の終わり」まで孤児院に預けることができる。

一二歳を超えた子供を預かることはない。ただし例外がある。親を不治の病で亡くしたせいで突然、扶養者を失った子供を預かることはあった。

私の記憶が正しければ、孤児院はそうした不幸な子供たちを一八歳の誕生日を迎える前であれば受け入れているはずだ。

パルマの孤児院は三つの区域に分けられていて、すべて同じように管理されていた。今、私を収容している**愛おしい我が家**［監獄の冗談めかした言い方。監獄ではA区域、B区域、C区域という名称が使われていた］に敬意を表してA区域、B区域、C区域と呼ぶことにしよう。

A区域では男女の新生児と五歳をまだ迎えていないすべての子供を預かっている。B区域では、五歳を超えた少女を預かっている。C区域では、同じく五歳を超えた少年を預かっている。

五歳になると、A区域にいた子供は性別によってB区域かC区域に移る。

子供が外部の個人宅に引き取ってもらえず養育を受けられない場合（孤児院が一二歳を超えた寮生を個人に委ねることはない）、孤児院に留まれる年齢の上限は少年であれば一八歳の終わりまで、少女であれば二〇歳の終わりまでであった。

孤児院では、すべての子供が性別を問わず五歳から一二歳の終わりまで各区域から学校に通った。孤児院の内外に少年のための学校があった。外部の学校――寮生だけが通う孤児院の付属の建物――に通うために子供は八歳に達していなければならなかった。ただいくつかの例外があった。たとえば、早熟な知性を持つ子供は八歳になる前に孤児院［内部］の準備学校を出て**年長の子供たち**と一緒にそこに通うことを認められた。またそれとは反対に十分な知識をまだ獲得していない子供は年少の子供たちと一緒に内部の［準備］学校に留まった。もちろんその子供よりもさらに年長の子供たちがいることもあった。というのも、まったく読み書きができない子供が孤児院に入った場合、準備学校で初めて学ぶことになるからである。

外部の学校では教師が少年たちのために授業をおこなった。朝八時、我々は監督人――各集団に一人ずつ配置されていた――の指導の下、二列になって外部の学校まで引率された。一一時半、我々は食事を摂るために孤児院まで引率された。一時半、我々は学校に戻って午後五時までそこにいた。

各監督人は子供の名前がすべて記載された紙を教師に渡した。授業が終わる夕方になると、教師は子供の名前の横にB、M、もしくはCと書き込んだ。Bは品行方正、Mは普通、そしてCは品行不良（カッティヴォ）［フランス語にイタリア語が添えられている］を意味した。

名前の横にCを書き込まれた子供は全員が翌日の昼休みにC区域の中庭と廊下を掃除しなければならなかった。Cを三日連続で書き込まれた場合――そうしたことはしばしばあった――、その子供は牢屋として使われていた部屋の床で一晩寝るはめになった。その部屋はふざけて「ラ・ノンナ（おばあさん）［イタリア語にフランス語が添えられている］」と呼ばれていた。

ほかの子供たちがどのような賞罰を受けていたかは後述する。

一二歳を迎える数日前に子供は管理部の前に連れて行かれる。そこで子供はどのような技能を学びたいか質問された。我々の帽子の飾りとして使われていたOとAという二つの文字は孤児院の標語であり、孤児院で多くの技能を学べることを示していた。というのも、その二つの文字はオスピツィオ・デル・アルテ（技能の孤児院）［イタリア語にフランス語が添えられている。アルテは間違いで正しくはアルティ］を意味していたからだ。

孤児院では教えられていない技能を子供が学びたがった場合、管理部はその子供のために町内の個人のもとで徒弟奉公できるように手配した。

たとえば印刷、製本、そして機械など孤児院内部で教えられていない職能を学ぶ者がいた。徒弟奉公に出た者たちの中には日曜日を除いてずっと外にいる者もいた。その一方、毎晩、孤児院に帰る者もいた。それは管理部が［徒弟奉公先と］結んだ契約によった。

子供が技能を学び始めた日から管理部は子供を励ますために少額の給金を与えた。

給金は一週間当たり六〇サンティーム［一フラン＝一〇〇サンティーム。イタリアのチェンテージモと同じ価値］であり、少しずつ増額されて二フランか三フランになった。労働者として一日当たり二五サンティームか一フランを稼げるようになるのはその者の能力によるが、孤児院で過ごす最後の一年か二年の間だけであった。私は最高額を稼いでいた［トルフェッリによると、ルキーニは規定の年齢よりもずっと早く孤児院から離れているので最高額を稼いだという話は虚栄心による作り話である］。

毎週日曜日の朝、子供は前週に稼いだお金の半分を渡された。残りの半分は貯金され、子供の名義で記帳された。通帳は若者が孤児院を最終的に離れる時まで管理部で保管された。

学校を卒《お》えた日から少女たちが何を学んでいたのか私にはわからないが、**行儀作法**——彼女たちの姉妹［孤児院の少女たちと同年代の世間一般の少女たちのこと］には必要なもの——を学んで孤児院の最後の八年間を過ごしていたわけではないと信じるに足る根拠がある。おそらく彼女たちは、後に結婚した場合に知っておくと有用なこと、もしくは結婚しなかった場合でも誠実な手段で生計を立てるために知っておくべきことをすべて学んでいたのだろう。

言うまでもないことだが、年長の子供たちは三つの区域、特にA区域で髪梳《す》き、洗顔、洗濯、繕《つくろ》い物などその年頃［の子供たち］に必要な世話を性別に応じて担っていた。

一八歳の終わりに若者は冊子を二つ受け取る。一冊は預金通帳であり、もう一冊は人相書が含まれていて旅券として通用した。若者が孤児院でかぶっていた帽子を脱ぐ時、管理部はそれを衣類一式とともに贈り物として与えた……［それは］市民の帽子［と呼ばれていた］。

一般的に一八歳で孤児院を離れる者たちはすぐに軍務に従事する。というのも、彼らは祖国を愛することを教えられていたので祖国から受けた恩義に感謝していたからだ。それは管理部が今後どのように人生を送るべきかに関して若者たちに与える助言の中の一つである。また管理部は、規定された年齢よりも前に兵役に志願するように若者たちに助言している。彼らは軍務にうまく順応できる。というのも、彼らはすでに一定の規律に慣れているので、連隊の規律がそれほど厳しくないことに気づくからだ。その一方、彼らは一八歳で自分のことを自分だけで何でも決めようと思わず、二〇歳か二一歳になってようやくそうするようになる。それも重要なことである［ルキーニは未熟な若者がすぐに何でも自分で決められるようになると危険なので成熟してからそうするべきだと考えている］。

＊

これまで見てきたように親が子供を捨てた日から社会が親の共犯者であれば、もしくはたとえ不幸な者がこの世に生を享《う》けることを望んでいなかったにもかかわらず、社会によってこの世で生きることを強いられるのであれば、その者は自分の人生を卑下しなくてすむように自分でそれを尊重するように努めるしかない。

捨てられた子供は親に育てられる大部分の子供たちと比べて羨むような立場だろうか。捨てられた子供は読み書きを習得する。それなりの額を稼げる職能を習得する。それから年頃を迎えると、同じ年頃の若者がすでに持っている多くの悪習をまったく知らないまま社会に入る。

見捨てられた子供に扇動家《せんどうか》になる種が植え付けられているわけではない。それならどうして見捨てられた子供は扇動家になるのか。法律が正しく遵守されたおかげで生存できているのに、もし法律を非難すれば恩知らずではないのか。

しかし、このように雁字搦《がんじがら》めの方法で育てられた子供たちの中でどれだけ多くの者が幸福だと思えるだろうか。

残念ながら幸福だと思える者の数は二割くらいかもしれない。その中には盲目の者たち、聾唖《ろうあ》の者たち、背中の湾曲《わんきょく》した者たち、そしてすでに重荷があるにもかかわらず、さらなる重荷を自然から与えられている者たちが含まれている。こうした不幸な者たちはおとなしくしている。誰も彼らを孤児院から連れ出そうとしない。彼らには孤児院に留まれる年齢制限がないことを付け加えておこう。少なくとも一八歳の三倍くらいに見える年齢の男たちがいたことを私は覚えている。そうした男たちの中でもリボリオという名前は忘れられない。というのも、私と友人になってくれた男の名前だからだ。

そのほかの者たちはすべて町内や田舎の個人宅に引き取られて養育された。

孤児院が支払う養育費目当てで養い親になる者は多いのだろうか。おそらく多くないだろう。というのも、養い親が受け取る養育費は以下のとおりだからである。

子供の年齢
〇歳から二歳［の終わり］まで
二歳［を超えて］から五歳［の終わり］まで
五歳［を超えて］から八歳［の終わり］まで
八歳［を超えて］から一二歳［の終わり］まで

養育費
月に一二フラン
月に一〇フラン
月に八フラン
月に五フラン

一二歳で子供が読み書きを習得していれば、養い親は特別手当として一〇〇フランを受け取れる。少女は同じように読み書きを習得していても特別手当の対象外である。少なくとも養い親は特別手当を受け取れない。なぜなら少女は読み書きを習得できたか否かを問わず、一二歳の時点ではなく二〇歳、もしくはそれよりも早い時点で夫を見つけた場合、一〇〇フランを自分で受け取るからだ。それは不幸な少女たちに孤児院が与える唯一の持参金であった。

孤児院から引き取った子供を育てる養い親にフランスが支給している額を比較のために以下に示しておこう。

子供の年齢
〇歳から一歳［の終わり］まで
一歳［を超えて］から二歳［の終わり］まで
二歳［を超えて］から三歳［の終わり］まで

養育費
月に二五フラン
月に二〇フラン
月に一五フラン

支援対象の捨て子の養育にパルマ（前述の理由［ルキーニはイタリアの各州で孤児院の運営方針が異なる可能性があると先に指摘している］から私はイタリアについて言及しない）とフランスが支払う金額を合計してみよう。［パルマが］一二七六フラン（特別手当込み）であるのに対してフランスは二二八〇フランである。特別手当を除外すればほぼ二倍である。

また注目すべき点として、フランスは子供が一三歳の終わりを迎えるまで、すなわちパルマよりも一年長く養育費を支給している。しかし、その違いは子供の将来にとってあまり重要なことではない。子供にとって重要なことは、一三歳の終わりを迎えて［養い親のもとから］孤児院に戻されると、規則に基づいて管理部から質問を受けることになっていると知っておくことである。なんとすばらしい規則だろうか。

フランス人よ、私の賛辞を受け取るがよかろう。そして、常にそれにふさわしくあるように心がけよ。

子供に投げかけられるいくつかの質問は容易に推測できる。その中で最も重要な質問は子供の将来を決める質問である。すなわち、養い親のもとで幸福に暮らしていたのか、もしくはその暮らしに不満であれば技能を習得するために孤児院に戻りたいのかという質問である。

ああ、一二歳の時に私も同じ質問を受けていればよかったのに。ジュネーヴ人よ、忌憚《きたん》なく伝えるが、私は君たちと面識を得ずにすんだのに［ジュネーヴの監獄に収監されずにすんだという意味］。

パルマの孤児院にはフランスのようなすばらしい規則がまったくないのか。まったくないわけではない。パルマの孤児院にも確かにすばらしい規則がある。一二歳の終わりに達した子供は監督人の前で試験を受けなければならない。その試験で養い親が特別手当を受け取れるかどうかが決定される。パルマでも子供が［フランスと］同じ質問を必ず受けられるように私は願っている。

しかし、せっかく優れた規則が定められていても、その運用を委ねられた者が遵守しなければ意味がない。将来、私が経験することになる不幸はまさにそうした怠慢が原因である。実際、もし管理部がその責務を正しく果たしていれば、私を孤児院から引き取ったさもしい者に特別手当を与えた日に私の立ち会いを求めたはずであった。そのことについてはまた適当な機会に説明しよう。

＊

もし養い親がお金目当てで孤児院の子供を引き取って養育しようと考えたとしても、そのような金銭的な見返りに魅力を感じることはないだろう。

後の三つの年齢層に属する子供の養育費を受け取っても養い親はどれほどの利益を得られるのか。最初の年齢層に属する子供の養育費、すなわち月に一二フランは一部の家族、特に田舎に住む家族にとって魅力的な額かもしれないと私は喜んで認めよう。その時期の全家族の食費をまかなうのに十分な額である。子供の食事が**離乳食**ですむからである。実際、生後数カ月の子供を孤児院から引き取り、子供が二歳の終わりを迎える前に孤児院に戻す養い親が多くいた。

それでも先述のようにほぼすべての子供が個人宅で養育されていた。いったいそれはどういうことなのか。孤児院から子供を引き取る養い親の中には養育費を自分の生計に含めない者たちが多くいるからだ。それどころかそうした養い親たちは養育費を得ること、すなわち［子供が受け取るべきお金を］横取りすることを恥だと思っている。したがって、わずかな例外を除けば、彼らは子供の名義で養育費を貯金するように配慮している。

そうした家族の中では不幸な者が放置されたり、見捨てられたりすることはない。養い親が子供を引き取るのは、家業を学ばせたり農作業に従事させたりするために子供を必要としたからである。一つ目の家族がポールを羊飼いとして使っても、二つ目の家族がピエールに家業を教えても、幸運にもジャックが三つ目の家族によって息子として養子に迎えられても何か問題があるだろうか。最も重要な問題は、子供を引き取った養い親が子供を大切に扱うかどうかである。

浅ましい村長と共謀してお金目当てで子供を孤児院から引き取るさもしい者たちがいることは知られているのだろうか。彼らは養育費を受け取るのに必要な書類を入手するや否や孤児院から引き取った不幸な子供を数日後に見捨ててしまう。

もちろん、いわゆる開明の時代においてそれは少しあり得ない話のように思えるかもしれない。しかし、決してそうではないことがこれからわかるだろう。

それならあなた方［孤児院のこと］が収容した不幸な子供に対して配慮すべきことはまだ何かあるのではないだろうか。不幸な子供が実親の代わりになる保護者を見つけられたことは間違いないことだとあなた方は言うかもしれないが、どうしてその保護者が被保護者を預けるのに値する人物かどうか確かめることを怠るのか。

子供たちがずっと子供のままでいられるわけではないことを忘れてはならない。もしあなた方の怠慢のせいで子供たちの一人が将来に何の関心も払ってくれない養い親のもとに不幸にも預けられてしまえば、あなた方はあらゆる慈善行為を享受した者たちに求めても当然な［感謝や恩返しといった］ものをその子供にも求められるだろうか。そうした類いの子供たちに対する特別な配慮がどれほど必要かあなた方はわかっているはずなので、なおさらそのようなことはできないだろう。

子供が得るはずであった恩恵を少しでも奪うことは窃盗にほかならない。なぜなら［孤児院という］慈善施設は子供のために設立されたからである。

それにもかかわらず、後に彼が不満分子の一員になっているのをあなた方が見たとしてもどうして驚くことがあるだろうか。

彼の不幸があなた方の怠慢のせいでなければ、いったい誰のせいだというのか。

あなた方が義務を果たしてさえいれば不幸にも若い頃に何も指導を受けずに放置されずにすんだはずだと彼は容易に確信するだろう。崇高な仕事を進めるために召された者たち［孤児院を管理している人びと］は課せられた責任をもっと自覚せよ。

そして、あなた方が運用を委ねられた規則以外に何も庇護を得られなかった不幸な者の人生はあなた方によるたった一つの怠慢で惨めなものになってしまうことを知るように。

そして、このような人道的な事業を支援する幸福を享受している者たちの誰もが事業をそうした崇高な呼称にふさわしいものにするためには少額の**寄付**だけでは足りないことを理解している。というのも、あなた方は孤児院に預けられたすべての貧しい者たちを養育するには寄付だけでは足りないことをよく知っているからである。だからこそあなた方は［引き取りを］求めに来る者たちに子供たちを預けざるを得ない。しかし、だからといって、孤児院の外に出した子供たちからあなた方の庇護を完全に奪ってもかまわないということになるだろうか。

少なくとも年に二回は子供たちを訪問するように。そして、子供たちが大切にされ、あなた方の規則に従って養育されているか確認せよ。そうした視察を実施することであなた方は慈善を施す者という称号にふさわしい存在になれるだろう。また視察を確実に実施すれば、不適切な養い親に預けられている被保護者を発見して孤児院に戻す機会が得られるだろう。

それからあなた方がどうしても子供たちを不幸にしたくないと思うのであれば、現在、この事業を統制している規則を変えるように。被保護者の引き取りを求めてやって来る者たちに養育費を支給するだけではなく、彼らがあなた方に求める養育費に見合うだけの高額な担保を要求するべきだ。

こうした変更にともなう経費をまかなうために孤児院はさらに多くの寮生を施設で養育せざるを得なくなる。そこで二〇歳の終わりまで寮生を孤児院から離れられないようにする。すなわち、子供たちは［一八歳から二〇歳までの］二年間に仕事をすることで経費の補塡《ほてん》に協力する。私の不幸な同胞のためにこうした改善策が採用されることを望む。なぜならそれは彼らが生涯にわたってずっと**誠実**であり続けられるようにする大きな影響力を持つ策だからだ。

二二三。それは孤児院が私を再び迎え入れた時に登録した番号である。いくつかの質問に答えた後、監督人は私を衣装室に連れて行って規定の制服を着せた。

制服を着た私は監督人が身振りで出した指示に従って中庭に向かった。中庭から聞こえてくる騒音はそこが子供たちで溢れ返っていることを示していた。

子供たちは私の姿を見るなり、遊びを中断して駆け寄って来ると「こんなところにこんなところにパリ人がいるぞ。さあ、戦争だ［イタリア語に加えて括弧書きでフランス語訳が添えられている］」と叫んだ。

私は震えながらパリ人とやらが誰なのか確かめようと振り向いた。そこには監督人しか見えなかった。もし監督人が敵なら身振り一つで一個大隊を壊滅させるほどの完全勝利を収めるだろう。

監督人が「彼はパリ人ではなく同じイタリア人だ。パリ人でなければ痛めつける必要などないだろう……」と言っているのが聞こえた。監督人も子供たちも私をじっと見ていた。問題のパリ人は私のことだとその時になってようやく悟った。

子供たちは監督人の警告をすぐに忘れてしまったと述べておきたい。というのも、監督人はもうそこにいなかったからだ。英雄たちは新しい攻撃をくり出した。ただその攻撃の対象は私ではなく、私の香辛料入りパン［蜂蜜やアニスなどの入ったライ麦のパン］という軍隊であった……。まさに瞬きする間もなく、私が帽子の中に押し込んでいたパンの塊は蟻《あり》がもと来た道を飛んで帰って持ち去れる程度の欠片《かけら》しか残っていなかった。

私がもう**敵**［香辛料入りパンのこと］を持ち合わせていないと確信したうえ、罰を受けないことに満足した英雄たちは中断していた遊戯に戻るために退却を開始した。私は子供たちの中で最も背の高い者に近寄り、「パリ人」という言葉がいったいどういう意味なのか、そしてなぜ私に戦争を挑もうとするのか説明を求めた。

すると彼は「おまえを『パリ人』と呼ぶのはおまえがパリという街の出身だからだ。それにおまえに戦争を挑むのはその街がイタリアの外にあるからだ」と答えた。

私は彼が私の素性について誤解していると急いで指摘した。また私は自分がパルマのナヴィル通り二〇番地で生まれたこと、父親の名前がフェルディナンド・モニチであること、母親の名前がルチーア・フォーリャであることを伝えた。さらに私は、次の日曜日まで待てば両親、もしくは父親と母親のどちらかに会えるのできっと納得できるはずだと付け加えた。

その時、私は先述のような答え［序文の冒頭に登場する場違いな系譜学者の言葉］を聞くはめになった。私がそれを馬鹿げたことだと思って無関心であったこともすでに述べた。そうした理由から私はモニチ夫妻が面会に来た際にその話題について触れなかった。

モニチ夫妻が生後三〇カ月［実際には生後一八カ月］の私を孤児院から引き取ったことを私が知ったのは罪を犯した後だった。

孤児院に再び収容された最初の日々において私は、新生活がこれまでの生活とまったく違っていたのでモニチ夫妻と一緒に暮らせず、彼らの愛情を受けられないのを残念に思った。だから私は夫妻による最後［トルフェッリは原文が誤記ではないかと指摘したうえ、「最初」と訳出している］の二回の面会で家に連れ帰ってほしいと懇願するばかりであった。

しかし、私の悩みは長続きしなかった。二週間後、私は孤児院の中で最も幸福な子供になった。大変な時期に私に与えられたパリ人という渾名《あだな》（子供たちは私のことをそう呼んだ）は私にとって喜びのもとになった。なぜなら戦争ごっこをする時に私はフランス軍の統率者になれたからだ。

孤児院に入った時、私は一〇日ほど内部の学校に出席させられた。その後、私はほかの子供たちと一緒に外部の学校に通った。［内部の学校に出席した］一〇日間で私は年老いた女教師が孤児院から引き取った五人の子供を自宅で養育していることを知った。

小さな暴君たちはフォルテュネ［「幸運な人」「お金持ち」といった意味］一号、フォルテュネ二号などと呼ばれた。

庶民たち［小さな暴君たち以外の子供たちのこと］にとって災難なことに、女教師はこの可愛い子供たちのご機嫌を損ねたり気まぐれを聞き入れなかったりした庶民たちを乾燥させた小さな豆の上に何時間も跪かせた。その豆のせいで［痛くて］膝頭を［床にぴったり］つけることができなかった。もし管理部がこの子供たちを自宅で養育することを認めているのであれば、きっとそれは給料という名目で認めているに違いないと私は確信した。というのも、女教師は彼らに我々と同じ食事を与えていたからだ。それに彼らは孤児院の制服を着ていた［女教師は孤児院から子供五人分の養育費を受け取っていたものの、食事も衣服も孤児院でまかなっていたので、養育費のほぼ全額が実質的に給料になっていた］。さらに子供たちの一人が八歳に達すると、女教師はその子供を追い出して（そうして横暴のつけを払わされた）、五歳の幼い子供を新たに迎え入れた。

彼らと我々の違いは、彼らが女教師の自宅で寝ているという点だけであった。

最初の一カ月で私は友人たちが何人かいなくなっていることに気づいた。彼らがどこに行ってしまったのかわからなかったので、私は事情通の友人にそのことについて尋ねた。なぜならいなくなった者たちの中に私の素性について知っていた者が含まれていたからだ。

彼は、我々を孤児院から引き取って一緒に暮らすお金持ちがいると私に言った。

「僕たちを引き取りに来るのは僕たちの親なのか」

「いいや、彼らは僕たちの知らない人たちさ」と彼は私に答えた。

新たに知ったことによって私のあらゆる幸福が打ち砕かれた。私は大好きな体操をしたり、ほかの子供たちと遊んだりしても喜びを感じられなくなった。次の日曜日、私はモニチ夫妻に新たに知ったことを急いで伝えて、私の心境がどのように変化したのか説明した。

モニチは私が聞いたことはすべて嘘であり、私の友人たちがいなくなったのも親が自宅に連れ帰っただけであり、ほかに引き取りに来る者などいないと言った。

さらにモニチは、私がこれ以上心配せずにすむように、もしお金持ちの誰かが私を孤児院から無理に引き取ろうとした場合、**父親**が自分を家に連れ帰ると言っていたと院長先生に伝えるだけでよいと断言した。

モニチの嘘にもかかわらず、私はモニチの約束が誠実なものなのか、それとも私をなだめるための方便にすぎないのか何度も思い悩んだ。

モニチから離れるとすぐに私は小さな中庭に駆け込んだ。そこには体操器具があった。私はロープを摑んだ。それは私の苦手な運動であった。それまで地上から二メートル以上登れたことがなかった。今回、横木に届いたことでようやく私は自分の到達した高さを悟った。ロープの長さは五メートルもあった。

幸福な気持ちを取り戻し、モニチの約束を信じるようになったにもかかわらず、私は孤児院に見知らぬお金持ちがいると恐怖を感じてしまったことを告白しなければならない。そのせいで私はお金持ちの姿を見るたびに、自分が見つかって家に連れ去られないように走って隠れた。

一般的に孤児院の子供たちは誰かが来て自分を引き取ってくれる日を楽しみにしていた。しかし、私は正反対であった。友人たちはお金持ちの家ではサクランボにリンゴ、イチジクなど美味しいものを好きなだけ食べられると言った。それを聞いても私は喜ぶどころではなく、見知らぬ者に引き取られると少し思っただけで泣きそうになった。なぜなら私は先述のように孤児院にいたほうが幸せだったからだ。ただもしモニチが自宅に連れ帰ってくれるのであれば、私は孤児院を離れたかった。

孤児院における我々の生活様式について少し言及しておきたいことがある。

＊

我々は長大な共同寝室に二列に並べられたベッドに寝かされていた。それぞれのベッドには各自の番号が付けられていた。

一二歳以上の子供たちは年少の子供たちとは別の共同寝室で寝ていた。

各共同寝室の中央にはまるで棺台《かんだい》のようにカーテンに囲まれた監督人のベッドが置かれていた。かわいそうなカーテン。毎朝、カーテンがさまざまな種類のものを丸めて作った小さな玉で覆われているのが発見された。その場所から監督人は毎晩、帽子で蝙蝠《こうもり》を追いかけ回したり、ブリキのおまるを太鼓のように叩いたりして騒いでいる我々に「やめろ」と怒鳴った。

大胆な者は屋上に抜け出して星や通り過ぎる汽車を眺めながら夜を過ごした。起床すると、子供たちは各共同寝室の後方に設置されている蛇口に駆け寄って顔を洗った。衛生観念の希薄な子供がそのように急ぐのは不可解なことのように思えるかもしれない。それは身体を拭くのに使われていた長い粗布《あらぬの》の全面がすぐに濡れてしまうという事実による。その粗布は釘で天井に固定された木の棒に巻かれていた。特に冬になると、急がないと乾いた面がなくなってしまうと思って焦る気持ちはきっとわかってもらえるだろう。ただそのように急ぐ最大の理由は、二列になって並ぶ時にその先頭に立つことでより早く共同寝室を出られるようにするためであった。

外に出る前に我々は髪梳きを受けなければならず、冬にはスプーン一杯の鱈肝油《たらかんゆ》を飲まなければならなかった。我々はそのように世話されるのが好きではなかった。世話役の女が二人しかいなかったせいで一時間以上もかかった。つまり、列の先頭にいた者は列の最後にいた者より一時間も前に共同寝室から出られるということだ。

言うまでもないことだが、もし粗布で身体を拭かなかったり、顔を洗わずに二人の女の前に出たりする子供がいれば、必ず罰を受けることになった。休憩時間に中庭を掃除する一員に加えられたうえ、戻って顔を洗うように女から命じられた後、鱈肝油を一杯ではなく二杯も飲まされたり、小さな角砂糖を取り上げられたりした。

週に二回、我々は年少者も年長者もすべて集められて郊外に散策に出かけた。毎回、散策は二時間にわたって続いた。列を作る時に監督人たちは同じ背丈の子供たちを対にするように注意を払っていた。一人の監督人が列の先頭を進んだ。その後に年少の子供たちが続いた。さらにその後に年長の子供たちが続いた。もう一人の監督人が列の中央に入り、さらにもう一人の監督人が最後尾についた。

管理部が品行方正な学童や技能を学んでいる者に報酬を与えることは先に述べた。劇場に行く許可が報酬であった。しかしながら、品行方正であることだけではそうした嗜好を楽しめなかった。席料の四スー［五サンティームに相当する昔の貨幣単位］も必要だったからだ。徒弟奉公に出ている者にとってそうした要件は特に問題ではなかったが。学童にとって克服し難い問題であった。中庭を見回してもお金が見つからないのはわかってもらえるはずだろう。それでも報酬を享受した多くの学童がいたが、少しばかり犠牲を払わなければならなかった。

実際、四スーを得るためには、ほとんど余裕がないにもかかわらず、食事の一部を売るしかなかった。ここで我々の食事を紹介しておこう。朝七時半になると、我々は年少者も年長者も広い部屋に集められた。室内扉の右と左に二人の監督人が立っていた。監督人の横には温かいパンの入った大きな籠が二つあった。

準備が整うと、我々は外に出て行くように言われた。敷居をまたぐ時に我々は朝食として二つの小さなパン――一つ一〇〇グラムのきつね色のパン――を受け取った。

正午、我々は昼食を報《しら》せる鐘の音を待ちわびていた。火山のように湯気の立ち昇るテーブルが並ぶ広く長い食堂に我々は突入した。テーブルクロスは敷かれていなかった。そして二種類のテーブルがあった。一方のテーブルにはお椀《わん》があるが、もう一方のテーブルにはお椀がない。お椀は丸い穴にはめ込まれていた。お椀は亜鉛製なので割れる恐れはなかったが、小さな子供たちが［中身を］こぼして身体にかけてしまわないようにするためであった。

テーブルを囲むと、季節によって異なる豆やそのほかの物などを混ぜた米飯やさまざまな大きさのマカロニがお椀に入っていた。それぞれのお椀の向かい側に小さなパンと亜鉛製のワイングラスが置かれていた。

席に着くと、二人の調理人がやって来て、それぞれのお椀に肉を一つずつ入れる。金曜日と土曜日を除いて毎日、肉が出された。金曜日と土曜日の二日は代わりにチーズが出された。午後六時から七時の間に我々は朝と同じ重さと色のパンを二つ夕食として受け取った。ただ夕食のパンは冷たかった。与えられた食事はそれで全部であった。五歳であろうと一七歳であろうと一八歳であろうと全員同じだった。管理部は子供たちに余分な食事を与えなかったので、食事が足りなければ自分のお金で炊事係から買うしかなかった。

我々が自分の肉を手に入れると、すぐに商人たちがやって来て、肉を売りたければ買ってくれるようになった。この購入者たちは一二歳以上の子供たちであった。彼らは「ワインと脂身の少ない肉に二スー払うよ」「ワインと赤身の少ない肉に二スー払うよ」などと叫び始めた。腐っていなければワインや肉の色を気にしない者もいた。言うまでもなく、こうした条件はあらゆる購入者にとって厳格なものであった。グラスに唇を押し当てたり、肉からわずかな欠片を取り除いたりするだけで商人たちを追い返すことができた。肉に脂身があろうが赤身があろうが、購入者に事欠くことはなかった。我々は二日分のワインと肉を売れば、劇場の席料を稼げた。

水曜日と土曜日になると、管理部はサン゠ジャン劇場［イタリア語表記だとサン・ジョヴァンニ劇場］の天井桟敷を八メートルから一〇メートルくらい占めて寮生を送ることができた。この劇場では我々の中で最も太った人よりも背が高く大きな人形を使って劇が演じられていた。

孤児院が一度に劇場に送る子供の数が四〇人から五〇人になることもあった。その中には食事を売らなくても席料を支払える者たち、つまり徒弟奉公に出ている者たちもすべて含まれていたのは言うまでもない。

寮生たちがこのような恩恵を得る手段を管理部が知らなかったのかと思うかもしれない。否、知らなかったはずがない。というのも食事中、食堂には常に二人の監督人がいたからだ。我々の取引を見つけてやめさせようとすれば容易にできただろう。しかし、ある子供が別の子供から何か物を盗まない限り、監督人は我々を自由にさせていた。したがって、取引は事実上、公認であった。

それに食事をすべて［自分で］食べてしまう者が一日に一〇個のB［評価］を得ているにもかかわらず劇場に一度も行かなければ（彼には何の落ち度もない）、管理部は我々の日常的な不正行為を認識せざるを得ないだろう。

それは賞賛に値することなのだろうか。当時、私自身はそれを賞賛するしかなかった。とはいえ、私はまだ八歳にすぎなかった。その後、私は四スーを手に入れるために我々が使わざるを得ない手段や我々に染み付いた態度――我々の将来のためにならない習慣――は品位に欠けるものだと判断するようになった。

劇場に寮生を送ることを管理部は栄誉ある功績として誇っていた。しかし、小さな孤児たちが劇場にいるのは［自分の］食事を売ったおかげだと知ったらオペラグラスで我々を見ていた紳士淑女は何と言っただろうか。

彼らは何か言っただろうか。間違いなく何も言えなかっただろう。

というのも、どのような支配層であれ、その栄誉はすべて虚像の上に築かれていることに彼らはきっと気づいたはずだからだ。少数者［である支配層］が大多数［の庶民］を隷属させ続けることに成功しているのはそうした虚像のおかげだと言ってよいだろう［たとえ富裕層が庶民を救済しても、貧困を生み出す社会構造そのものを放置している限り、救済は庶民をだまして反抗させないための虚像にすぎないとルキーニは考えていた］。私に関して言えば、肉を食べたりワインを飲んだりするよりも劇場に行くのが好きだったので、週に四回も肉やワインを売っていたと告白しなければならない。

残念なことに数カ月後に肉やワインどころかパンも［ろくに食べられなくなり］食べた記憶しか残らなくなってしまうことを私が予見できていれば、米飯やマカロニもなしですませて――さすがに誰も私から買ってくれなかったと思うので米飯やマカロニを「売る」とあえて言っていない――、私を待ち受けている食生活に前もって慣れておけばよかったかもしれない。

＊

一八八二年二月一九日は私の運命に大きな影響を与えた記念すべき日であった。その日、孤児院は凍傷にかかった四本の指――右手の薬指と小指、左手の人差し指と小指――を治療するために私を病院に送らなければならなかった。この四本の指には今でも目立つ傷が残っている。

冬になると暖房が不十分なせいでこの病気は孤児院の子供たちにとって身近なものだった。そのような理由で私と同じく指や顔に凍傷を負う子供たちが多かった。

翌月の三月一九日、傷が癒えた私は孤児院に戻った。ああ、私の傷が塞がるまでさらに二日かかっていたらよかったのに。

［三月］二〇日、私は学校に戻った。［三月］二一日の昼、監督人から以下のような命令を受けた。

「ルキーニ、教科書を持って来るように」（昼は学校に教科書を置いていた。孤児院に持って帰るのは夕方になってからであった）

私はまるで雷に打たれたように感じた。というのも、その命令によって自分が孤児院から出ることになるとほぼ確信したからだ。それに私は、同じ命令を受けた子供たちが数時間後に孤児院を出たのをこれまでに何度も見てきた。

友人たちは、私が諾否の決断を下す前に先回りして私を喜ばせようとしてくれたようだ。

「パリ人、おまえは幸運だ。今日からお金持ちと暮らせるんだぞ」。それが私に向かって彼らが叫んだ言葉であった。

孤児院に戻ると、私は小さな外套《がいとう》を脱ぎ、教科書と一緒に監督人に渡さなければならなかった。なぜなら管理部はこれから孤児院を出る子供たちが貴重品を持って行くことを認めていなかったからだ。

［貴重品を］没収された後、私は食事を摂りに行く暇もなく管理部に連れて行かれた。事務室に入ると、その顔といい服装といい、これまで見たことがないような類いの男がいた。

身長は平均よりかなり低かった。彼は昔の修道士のように黄色く長い髭を蓄えていた。髭に櫛《くし》をまったく通していないように見えた。私の目に少しだけ映った痩せ衰えた顔は死人のような色をしていた。片方の手には乞食でもかぶらないような汚くて形の崩れた古い帽子が握られていた。

このアルレッキーノ［一六世紀から一八世紀のイタリア喜劇に登場する道化師で色とりどりの服装をしている］のような**お金持ち**が着ている服には穴を塞ぐためのさまざまな継《つ》ぎ接《は》ぎがあった。さらに継ぎ接ぎがなくなっている穴も見えた。不潔なシャツの襟にボタンが付いていたとしても、今は何の役にも立っていない。彼の赤い（もとは黒かった）靴の分厚い靴底から大きな鋲《びょう》の頭が突き出ていた。その鋲は馬の足に蹄鉄《ていてつ》を固定する鋲よりも大きかった。

その時、自分の人生にもたらされようとしている破滅を私がすでに予感できていたのかわからない。その男と一緒に孤児院を出ることになるか否かわからなかったが、ただその男がいるだけで私が泣かざるを得なかったのは事実である。その泣き方は八歳児によくあるような泣き方ではなく、全身で深く悲嘆に暮れるような泣き方だった。

その男は私をじっと観察していた。院長先生は私の長所を詳しく説明していた。そうした状況を見聞きした私は嗚咽《おえつ》で途切れがちになりながらも、どうにか以下のような言葉を発した。

「院長先生、ナヴィル通り二〇番地に住む父のモニチに私が孤児院を離れなければならなくなったことをよろしければお伝えください。父は私を自宅に連れ帰ると確かに約束してくれました。父に報せを送っていただくか、もしくは父の家まで私が伝えに行くことをお許しください。ナヴィル通りに至る道はすべて知っています」

「ここにいるのがおまえの父親だ」

これが私に対する院長先生の答えだった。そして院長先生は答えの言葉を甲高い声で述べた。それと同時に院長先生はその男を指差した。

その時、私は右手に帽子を持っていた。そこで私は両手で帽子を握って口元にすばやく近づけると、孤児院の記章を荒々しく食いちぎった。

突然、私の涙は笑い声に変わった。どうして笑っていたのだろう。なぜ泣いていたのだろう。一六年後に私はきっと知るはずだ。それに**ある者**［エリザベートのこと］が思い知ることになるだろうと私は言っておくべきだろう……。

院長先生がその男に何か小さな冊子を渡すのが見えた。院長先生は私のほうを向くと「彼について行くように」と言った。

先述のとおり私は泣くのをやめていた。しかし、扉の前まで来て孤児院から永遠に離れることになった時、私はまた泣かざるを得なかった。

泣いたせいで私は門番から次のような言葉をかけられた。それは今でも耳に残っているように思える言葉だった。

「私がこの仕事に就いて一五年になる。孤児院を離れる子供たちを何百人も見てきたが、みんな幸せそうだった。同じ［孤児院を離れるという］理由で泣いている子供を見たのは初めてだ」

残念なことに、私にとって泣く理由はいくらでもあった。

＊

それ以来、孤児院を出た日のことを思い出すたびに、なぜニカシ［カルロ・ニカシ、一八一六年におそらくパルマで生まれた。カッポンはニカシを『レ・ミゼラブル』に登場するテナルディエになぞらえている」（さもしい男の名）の手から逃れてモニチ家に駆け込まなかったのかといつも考えていた。そうしたいという気持ちが私にはあったが、反抗的な行動ができるほど強くなかった。というのも、きっと納得してもらえる余裕があると思うのでとりあえず言っておきたいが、たとえ不幸をもたらす運命であろうと私は与えられた運命に常に従順な子供だったからだ。もし私が［従順ではなく］幼少期や青年期に危険なことや窃盗、自分自身を傷つけるようなことを始めていたとしたら、きっと私は矯《きょう》正院《せいいん》に収容されていたはずだ。

しかし、私は矯正院で何も得られなかっただろう。きっと私は矯正院からすぐに脱出して、私が実際に過ごした子供時代よりもずっと幸せな子供時代を過ごした後、世人《せじん》の言うようなこの世界で自分の道を自分で切り開く立場になれただろう。

ああ、もし子供たちに知識があればと世人は言う。私に欠けていたのはまさにその知識だった。しかし、自分が恐るべき存在になればこの世界で庇護者を見つけられるとどうすれば想像できたのか。しかし、それが真実であった。その証拠に善良な人びとは庇護者を見つけられるどころか圧制者の餌《え》食《じき》になってしまう。

私がそれを確信したのは二五歳の時であった。ああ、それは遅きに失した。

＊

ニカシ［原文ではブルジョワ。ニカシに対する皮肉を込めた呼称である。以下にあるブルジョワも同じくニカシと訳出している］が私の悲しみを紛らわせるために買ってくれたオレンジを齧《かじ》りながら私は町を出た。私の人生を狂わせた悪者を「お父さん」と呼ぶことに躊躇《ちゅうちょ》を感じたものの、これから私の身に何が起きるかわからなかったので、私はその呼び方で感謝を述べてオレンジを受け取った。

私の新しい父親はパルマから二五キロメートル離れたヴァラーノ・デ・メレガーリという人口五〇〇人ほど［統計によるとこの頃の人口は少なくとも二〇〇〇人以上である。村の中心部の人口のみに言及していると考えられる］の閑散とした村に住んでいた。

その距離を我々は徒歩で移動した。長い距離を歩くのに慣れていなかったうえに泥に塗《まみ》れた道を歩いたので、ニカシは時々立ち止まって私の脚を休ませなければならなかった。親切なことに彼は何度か私を肩車してくれることもあった。

ニカシの住む村に着いた時、もうすでに暗くなっていた。数軒の藁葺《わらぶ》きの廃屋《はいおく》に囲まれた中庭に入った。しかし、後で見たところ、廃屋はこの村で最も貧しい八世帯の住居としてまだ使われていた。

ニカシ家が**住居**としていた藁葺きの家は台所、食堂、寝室、檻褸を収納する部屋、鶏小屋を兼ねた大きな一室で構成されていた。三羽の鶏が隅にある棒に留まっているのが見えた。

漆喰の塗られていない壁は煙ですっかり黒ずんでいた。ただ一つある小さな窓には油を引いていない紙が貼られていた。

煙突はなかった。床は家が建っている場所の地面であった。部屋の中央に炉《ろ》が切られていた。我々が中に入ると、大きな火が燃えていた。それは村を囲む森が近くにあるおかげでこの貧しい家族が享受できる唯一の贅沢であった。

大きな火のそばの腰掛けには、小柄で痩せぎすの老女が座っていて忙しそうに麻糸を紡《つむ》いでいた。

老女の顎は尖っていて、その痩せこけた顔から少なくとも六センチメートルくらい前に突き出ていた。後で知ったことだが、そのため近隣の者たちは彼女に「ヤマシギ」という渾名をつけていた。鸚鵡《おうむ》のような形をした彼女の鼻は常に黒い汁で汚れていた。その汁は老女の顎の上に絶えず流れ落ちた。老女は手の甲で何度も汁を拭《ぬぐ》った。

膝の上まで捲《まく》られたスカートから老女の青みがかった素足が火に照らされて見えた。素足は枯れたおがら［繊維質を取り除いた後の麻の茎の部分］のように乾燥していた。

（モニチ家では小さな石炭ストーブを使っていたので）熾火《おきび》の状態でしか炎を見たことがなかった私はできるだけ壁際に寄って距離を取った。それにもかかわらず、熱は強く、煙で窒息しそうになったのでじっとしていられないほどだった。

私が困惑しているのを見た新しい母親（この老女がまさにニカシの妻［ルイージャ・マリア・ローザ・メネガッリ、一八二〇年にヴァラーノ・デ・メレガーリの東にあるヴィアッツァーノの村で生まれた］である）は見え透いた同情を示すと、歯のない口を開いてしわがれた声で次のように言った。それは私が彼女の声を聞いた最初の機会であった。

「かわいそうな子だね。火もろくに見たことがないのかい。子供たちを引き取るのは慈善行為だからね。感謝しなければならないよ」

確かにもし私の生活に必要なものが火の暖かさだけであれば、私は孤児院やモニチ家を懐かしく思わずにすんだだろう。

そうこうしている間に新しい父親は私の帽子を脱がせた後、木箱に近づくとそれを私のもとに持って来た。その箱には乾燥した栗が詰まっていた。彼は「生だがこの栗をやろう。子供はこういうものが好きなのだろう」と私に言った。

私の夕食はそれですべてだった。この献立で味わった甘みのせいで私は余計に空腹を感じた。その日は孤児院のパンを二つとオレンジを一つしか食べていなかった。ただ空腹のおかげであらゆる悲しみをしばらく忘れることができた。私の咀嚼《そしゃく》音はまるで歩兵連隊が銃を乱射しているようであったと言っても容易に信じてもらえるだろう。ニカシも栗を食べた。彼が木のお椀から金属製のスプーンで栗をすくい上げているのが見えた。彼の口はまるで火を通した栗を食べているかのように何の音も立てなかった［おそらくニカシには歯がない］。

「今夜はもう遅い。きっと彼らはもう戸締まりをしてしまったはずだ。この子にはここで何か用意してやろう」

ニカシが妻に話したこの言葉はいったい何を意味していたのか。間違いなく私はこの言葉の意味に薄々ながら気づいた。というのも、私がこの言葉を［思わず］口にした時、ニカシは二つの襤褸の袋を重ねて床に置き、古く短い外套を壁から外すと、二つの襤褸の袋を示しながら以下のように言ったからだ。「今夜はここで寝ろ。明日にはもっとましなものを見つけてやるから」。さらに彼は「これを毛布代わりに使え。服は脱がなくていいからな」と古い外套を私に差し出しながら言った。

私は驚いて彼をじっと見つめながらも栗を［歯で］割るのをやめなかった。激しく燃え盛っていた炎に灰が被せられた。ニカシ夫妻が部屋の隅でひそひそ話しているのが聞こえた。埋《うず》み火《び》でベッドのようなものが見えた。この新しい種類のベッドに横たわった私は、孤児院で私を待っているはずであったベッドやこの瞬間にきっと私の幸運について話し合っているはずの友人たちのことを思った。

ああ、ニカシ夫妻が眠っている家の様子を友人たちが見れば、きっと孤児院から離れたいという願望をすぐに捨てるだろうと私は独り言をつぶやいた。

残念なことに私が再びベッドで眠れるようになるまで六年の歳月を要した。そして、その夜から私はベッドと新しい服に別れを告げただけでなく、それまで毎週日曜日に続けていた習慣、すなわちシャツを着替える習慣も続けられなくなった。その日——さしあたって厄介なことは何も起こらなかったものの私の将来に致命的な影響を与えた日——の夜の落ち着かない眠りに就く前に、このニカシがどのような人物であり、なぜ彼が孤児院から**三人目**の子供を引き取ったのか述べておこう。

＊

ニカシが私と同じく生まれて数日後に孤児院に預けられたのは彼のせいではない。またニカシを**育てる**ために引き取った養い親がただお金のために——ニカシが私を引き取ったのも同じ考えによる——そうしたのも彼のせいではない。ニカシもほとんど見捨てられた不幸な子供時代を過ごしていた。というのも、私が知ったところによると、彼は物乞いをしたり、さまざまな村のさまざまな家庭で羊飼いとして働いたりして子供時代を過ごしていたからだ。

当時、ニカシは六一歳であった。彼のジュノン［ローマ神話の女神。ニカシの妻のこと］は同じ年齢［実際には四つ年下］であった。言うまでもなく、彼はまったく読み書きができず無職であった。

息子と一緒に襤褸を買いに行く時以外は畑で働いていた。ある日はこちらの農家で働き、また別の日はあちらの農家で働くという具合であった。

ニカシは二二歳で結婚した［トルフェッリによると、結婚は一八四六年五月二八日である。ニカシは一八一六年生まれなのでルキーニの記述は事実誤認である］。結婚して息子と娘の二人の子供が生まれた［トルフェッリによると、子供は全部で四人いて、長男のエンリコ（一八四七年生まれ）と三女のカロリーナ（一八五九年生まれ）以外の二人は夭折《ようせつ》している。ルキーニがエンリコとカロリーナの年齢に関して言及している部分があるが、いずれも事実誤認である］。

私がニカシ家にやって来た時、二九歳の娘はほかの村に奉公に出て畑仕事をしていた。三三歳になる矮軀《わいく》の息子は脚が悪かったので力仕事ができず無職であった。小銭程度の価値しかないマッチや糸、針などを持って山間に点在する小さな村を巡って襤褸を買い集めていた。しかし、そうした商売は基本的に物乞いをしていることを隠すための偽装にすぎなかった。

私の記憶によると、上記の品物は二フランか三フラン程度であった。ニカシの息子は丸一カ月も家から離れていることがあった。ニカシの息子は乾燥してかびが生えた小さなパンをいつも抱えて家に戻った（戻っても家にいるのは数日くらいであった）。そのパンを使って老ニカシはパナード［パン、バター、牛乳、水で作るパン粥］を作った。それはとんでもない代物だった。なぜなら使用されている小麦粉の配合によってパンはそれぞれ質が異なっていたからだ。それでもニカシにとって豊かな日々であった。

二人の子供はどちらも結婚していなかった。しかし、私がこの家族のもとに来てから数カ月後、息子には妻が、娘には夫ができた。

ニカシは実子たちに加えて孤児院の二人の子供――少年と少女――を養育したことがあった［トルフェッツリによると、ニカシはルキーニを除いて一八五一年、一八五六年、一八六〇年の三回にわたって孤児院から子供を引き取っていた］。自分の子供が痩せた乳房に残した乳をニカシの妻がまだ与えられる時期に孤児院の子供たちは引き取られた。孤児院から引き取られた少女は自分の脚で歩けるようになるとすぐに近所の農家で羊飼いとして働かされることになった。死が到来する日まで不幸な娘はその仕事をやめられなかった。彼女は一八歳で死んだ。

ニカシは孤児院から引き取った少年が仕立屋の仕事を学べるように手配した。どのようにしてこの少年がその仕事を学べるようになったのか語ると、話があまりに長くなってしまう。ニカシにとってそれは利益になり、少年に仕事を教えた者にも利益になったと言及するだけにとどめておこう。

この少年はもう子供ではなく、すでに結婚して所帯を持っていた。彼は家業を営んでいた。時々、トウモロコシの粉を数キログラム渡す以外に彼はニカシとは何の関わりも持たなかった。

私を孤児院から引き取りに来た時、ニカシはひどく貧窮していた。滞納している五フランか六フランを支払えなければ住んでいるあばら家を追い出すと家主から脅されていた。トウモロコシ商人はつけが溜まっていたので掛け売りをしてくれなくなった。何か手間仕事を見つけて糊口《ここう》をしのごうにも季節が悪かった。いったい彼はどうすればよかったのか。

奴隷制度の存在する国、すなわち人間自体に一定の価値がある国にニカシが住んでいたとしても、状況を好転させるためにできることは奴隷を家に迎え入れることしかないという考えをすぐに放棄しただろう。そもそもニカシには奴隷を購入する金がないからだ。

幸運にも［奴隷制度のない］**文明**国に住んでいたにもかかわらず、ニカシが実行に移そうとしていた考えはまさに奴隷制度そのものであった。法律で保護することが義務づけられている子供たちの一人を引き取り、**精神薄弱**ではないと宣言することを条件にパルマの孤児院が誰にでも［養育費として］金を与えることを彼は覚えていたに違いない。

ニカシがこの銀行［孤児院のこと］の窓口に出頭するために必要なものは何だったのか。銀行の規則によると、村長の署名入りの証明書が必要だったようだ。それは引き取った子供に衣食住を与え、教育と技能を施す立場にニカシがあることを示す証明書であった。

くり返し言うことになるが、優れた規則があったとしても［正しく］運用されなければ何の意味があるのか。また間違って処罰された場合に公正な裁きを受けられる望みがないうえ、それなりの理由があって仕方なく規則に違反した者を処罰しても憎悪を買うだけなのでまさに無用の長物だと断言しよう。

このような訴えを聞いてくれる裁判所はどこにあるのか。被害者の人生に与える影響を考えれば、正当な異議申し立てである。私自身に関しても言わなければならないことがある。法律で定められた恩恵を剝奪することによって――そのせいで私は残りの生涯にわたって苦しむことになる――私の子供時代に加えられた克服し難い不公正に気づいたまさにその日から私は数多くの抑圧を感じるようになった。その抑圧のせいで私は抵抗したにもかかわらず、奈落に落ちてしまった。

私が奈落に落ちてもきっと［世間にとって］どうでもよいことだろう。私を**彼らの同胞**と呼んで認めてくれた人びとも予想外の事態［暗殺事件のこと］が起きなければそれに気づかなかっただろう……。

＊

これまで見てきたように、ニカシは、孤児院の管理部が寮生の一人を預ける前に求める条件を満たせるような境遇になかった。

私の事例に限って言えば、それでも孤児院がニカシの要望を受け入れたのは彼が必要な証明書を所持していたからである。したがって、管理部に全責任を負わせるのは間違いだと私は思う。証明書によって示されたニカシの境遇に関する内容は規則に完全に沿っていなかったとしても、それなりに沿っていたものであったに違いないと私は信じたい。とはいえ、ニカシが課された条件を［実際に］満たしているかどうか管理部にはわからない。確かにニカシの外見に無頓着な服装を見れば、彼の要求を拒むだけではなく孤児院の敷居をまたがせることも拒んでかまわないように思える。管理部が寮生の人生をもっと大切に思っていればそうするしかなかったはずだ。

孤児院から求められるように子供を養育できるかどうかはニカシにとってどうでもよいことだったのだろう。それにしても孤児院は自宅の家賃を支払うお金さえ持ち合わせていない者にどうして子供を預けられたのだろうか。月に八フランから一〇フランの収入をもたらすがそれなりの世話が必要な二、三歳の子供の代わりに、月に五フランの収入しかもたらさないが自分のことは自分でできる年長の子供を引き取ることでニカシが満足したのは貧しさを自覚していたからだ。

したがって、ニカシに証明書を発行した村長を責めるべきだろう。もし村長がその地位にふさわしい行政官であったなら、私を孤児院に連れ戻すことで［失態の］埋め合わせをする機会がいくらでもあったからだ。ニカシが私を見捨てていたことを村長が確認するのは容易だったはずだ……。

ただ村長が責務を果たさなかったとしても、それは個人的な利害関係によってそうできなかったからだということは知っておくべきである。実際、後述するように、ニカシは孤児院から受け取った冊子をこの浅ましい村長の手に預けることになる。また［つけの代金として］毎月一〇〇スーを取り立てているのはこの品位に欠けた行政官であった。というのも、先述のトウモロコシ商人と村長は同一人物だからだ。そのトリゴニ・カステム［ルキーニの誤記で正しくはカストゥロ・トリゴニ］という名は私がいつも嫌悪していた名であった。

＊

翌朝、目が覚めた時、自分が本当に目を覚ましていることを確信するのにしばらく時間がかかった。残念なことに、もともと不幸な境遇にいた私にこの二四時間でなんという変化が起きたのか。そうした変化は考察する材料を求める者にとって［良い］材料となるだろう。そして、そうした変化が多くの重大な結果を生み、現在の立場に私を至らせたと判断して当然だと少し考えただけできっと納得してくれるだろう。

一晩過ごした床の上で服を着たままそわそわし、疥癬《かいせん》にかかったように身体のあらゆる部位を頻繁に掻《か》き毟《むし》っている憂鬱な子供が、実は昨日の同じ時刻に服にブラシを丁寧にかけ、靴を磨き、［病院から出て］一カ月ぶりに友人に再会できた喜びを噛みしめながら楽しく学校の授業を受けていた子供と同じ存在だと誰が気づけただろうか。

昨日、この子供の人生にはまだ価値があった。なぜなら不幸にも父親を奪われたこの子供はまだ社会全体の庇護の下にあったからだ。

今日、その同じ人生は無価値になった。ある行政官の怠慢――くり返し言っておくと故意による怠慢――のせいで神を除くあらゆる庇護が突然失われた（今日、彼［ルキーニのこと］は神がこうした不幸を防ぐために何もできなかったと確信している。彼が神の名を崇《あが》めるとすれば、神はそれに値しなければならない。ただ彼が神の持つ力を一瞬でも信じられたら、彼の崇拝は突然、神とその眷属《けんぞく》全員に対する軽蔑に変わるだろう）。そのまさに同じ神が幼い子供たちをこよなく愛してくださると見捨てられた子供は教えられていた［が今はそのようなことを信じていない］。というのも、彼は神という言葉を罵詈雑言《ばりぞうごん》の中でしか使わなくなったからだ。とはいえ、不幸な者が孤児院から離れたくないと熱心に神に祈った時はそうではなかった。というのも、彼は自分を待ち受けている恐ろしい運命にまだ気づいていなかったが、罵詈雑言の中で神という言葉を使うのは自分にとって悪であることを幼い本能で感じ取っていたからである。だから彼は［罵詈雑言を口にすることなくただ神に］懇願した。しかし、それは無駄であった。

昨日、この子供がこれからまともに働いて生活を営める仕事に就き、生まれた時の悲しい境遇を忘れられるほど幸福になり、同時に社会的不平等が生み出す憎悪を斥《しりぞ》けられるようになることを予見するのは非常に簡単であっただろう。彼は小さな分け前をすでに受け取っていたのではないだろうか。確かにそうだ。養育制度によって彼は小さな分け前をすでに受け取っていた。ただそれは法に定められた制度であったことを忘れてはならない。彼は自分の正当な分け前を受け取っただけである。それとは逆に今日、その同じ子供の将来に何が待ち受けているか予見することは難しい。それにすぐに姿を現す**牢獄**という言葉以外に何が予見できるだろうか。

しかし、予断は禁物だ。

*

ニカシが炉の前に膝をつき、熾火に息を吹き込んで上に被せた薪《たきぎ》の束を燃やそうとしているのが見えた。彼は片手で髭を胸の辺りで押さえていた。

火をつけたニカシは、小さな焼き物のタイルに似た物を炎の上に二枚置いた。その焼き物はきっと食べられる素材でできていたに違いない。というのも、よく眠れたかどうかも聞かずに私に「起きろ」と言ったニカシは、タイル状の物を燃えさしで突きながらこう言ったからだ。「これはおまえの分だ。よく焼けるまで待て。そうすれば食えるからな」

しばらくすると、ニカシはタイル状の物を大口で頬張り始めた。それを見た私もその真似をして彼が作ってくれたタイル状の物を食べた。ポレンタ［トウモロコシの粉に水やスープを加えて火にかけて練り上げる北イタリアの料理］を食べたのは今回が初めてではなかった。時々、モニチ夫妻も作っていたからだ。しかし、その時、食べた代物《しろもの》は、これまで食べたことがあるポレンタとはまったく異なっていた。というのも、その欠片は酸っぱい味がしたばかりか、口に入れるまでに白く細い糸をねばねばと引いているのが見えたからだ。

言うまでもなく、そのタイル状の物が糸を引いていたのはパルメザンチーズが入っていたからではない。それはタイル状の物があまりに古かったせいで出ていた糸であった。「ポレンタは好きか」とニカシは私に聞いた。

「はい、お父さん。頑張って全部食べてみせます」

「いや、無理しなくていいぞ。それなら少しだけ残しておいて後で食べるといいさ」

数分後、小さな粉袋を脇に抱えたニカシはあばら家から出ると、私に「ついて来い」と言った。一五分後、我々は何軒かの家が集まった場所に着いた。そのうちの一軒の家の扉の上に大きな文字で「ムニチピオ（村役場）［イタリア語にフランス語が添えられている］」と書かれた標識が掲げられているのが見えた。

ニカシは立ち止まって扉を叩いた。村長は扉の上の窓から様子をうかがった後、我々のために扉を開けに来た。

「君がうまくやってくれたようで嬉しいよ」と村長は私を見ながらニカシの挨拶に丁寧に答えた。ニカシはポケットに手を入れると、先日、孤児院長から受け取った冊子を取り出して村長に手渡した。行政官はそれをすばやく受け取ると目を通し始めた。短い確認の後、村長は冊子をポケットに入れると、微笑みながら我々をトウモロコシが山積みされている部屋に案内した。

絶えず微笑みを浮かべた立派な行政官はニカシに袋を開けるように命じた。そして量をはかった後、二ボワソー［小麦や塩などを計量する昔の単位で、一ボワソーは約一二・七リットルに相当］分のトウモロコシを袋に流し込んだ。村長がニカシを祝福する声が聞こえた。「君は幸運だ。孤児院が君に預けた子供はすでに読み書きができる。したがって、君は特別手当も受け取れるだろう」

「俺が予測したとおりではないかな」とニカシは答えると、袋を肩に載せた。それから袋の中身を粉に挽くために製粉所に向かって歩き出した。

後をついてくる私を見たニカシは「家に戻れ。俺が製粉所に行ったこと、二時までに戻ること、そして大鍋の用意をしておくように母さんに伝えておけ」と言った。

そこで私は家に向かった。私が出会った数人の村人たちは小さな子供が兵士の格好をしているのを見て驚いていた（孤児院で我々が着せられていた制服は歩兵の制服に酷似していた）。彼らが言い合う声が聞こえてきた。

「この子は誰の子なのか」「どうしてこの村に一人でいるのか」「この子はどこから来たのか」「この子はどこへ行くのか」

「僕はニカシの息子です」と私は直接質問してきた者たちに答えた。「僕は上方に見える集落の真ん中にある家に帰る途中です」

「ああ、かわいそうな子だ」「ああ、不運な子だ」と彼らが言い合うのを聞きながら私は歩き去った。

＊

火の前に座っていたニカシの妻は膝の上に抱いた雌鶏の肛門に指を入れるのに夢中だった。

しばらくしてニカシの妻は立ち上がって扉を開けると、怒った様子でその雌鶏を外に放り出した。扉を閉めた後、ニカシの妻は別の雌鶏を検査した。その雌鶏は先の雌鶏と同じ運命をたどったが、より長く宙を舞うことになった。というのも、ニカシの妻が癇癪《かんしゃく》を起こしていたからだ。最後にニカシの妻は三羽目の雌鳥を検査した。この鶏もほかの二羽と同じ運命をたどるだろうと私は期待した。檻の中にいる鶏しか見たことがなかった私は、雌鶏が飛んでいるところをよく見られずに残念に思っていたからだ。しかし、私の期待は裏切られた。ニカシの妻は雌鶏を放り出す代わりに少しおとなしくさせると、何が混ぜられているかわからないものが四分の三ほど入った木のお椀の前にそっと置いた。

毎日、ニカシの妻は三羽の雌鶏を放す前にこうした検査を実施していた。それは産卵日であるか否か確認するための検査であった。

最初の二羽を手荒く扱ったのは産卵日ではなかったからだ。その一方、数時間後に卵を産みそうな三羽目は、産卵の鳴き声を上げなければ**住居**から出られなかった。

その日のニカシの妻の気分の良し悪しはこうした検査の結果によって決まった。それには十分な理由があった。私の**母親**が癇癪を起こすのも無理はなかった。

ニカシの家ではこの三羽の雌鶏が重宝されていたことを理解しなければならない。それはニカシ家が雌鶏の産む卵を売ってポレンタやパナードに入れる塩を買っていたからである。それに最も重要なことだが、彼女の喫煙癖を満足させるための煙草も買えた。

くしゃみをした時の彼女の顔は見るに堪えないものだった。今でも目に浮かぶようだ。その顔は一○箇所の孤児院にいる子供たち全員を怖がらせることができただろう。

私はこうした面白い検査を終えたニカシの妻に先ほど託された言いつけを伝えた。彼女は、古く汚い大鍋と木の柄杓《ひしゃく》を持ってボッコロ川——集落のある丘の麓《ふもと》を流れる小川——から水を汲んでくるよう私に命じた。

私が戻ると、ニカシの妻は大鍋を二つの大きな石で支えられた鉄の棒の真ん中に置いて火にかけた。水が沸騰してから長い時間が経った。ようやくニカシが［トウモロコシ］粉を持ち帰った。三〇分後、大きなポレンタがテーブル代わりの古い箱の蓋の上で湯気を立てていた。そのポレンタは形といい色といいまるで月のようだと私は思った。

ニカシの妻は粉を篩《ふるい》にかけずにポレンタを作っていた。それはより栄養価を高めるためであった。私は少し驚いた。というのも、この種の料理を作る時、モニチの妻が粉を二つの篩——一方の篩はもう一方の篩よりも目が細かい——に丁寧にかけていたのを思い出したからだ。またモニチ家では何か一緒に食べるものが必ずあったことを思い出した。その一方、ニカシ家ではポレンタだけが飽き飽きするほどたくさんあった。日曜日の粗末なスープと私の**兄**が家に戻った時のパナードを除くと、ほかの料理はニカシの家では珍しいものであった。

私はニカシ家の人びとと三年間一緒に**暮らしたが**、彼らがパンを焼いているところを一度も見たことがない。その一方、同じ集落に住み、村で最も貧しいとされていたほかの七つの家族はよくパンを焼いていた。つまり、ニカシ家は貧者の中でも最も貧しい者たちであった。

＊

その日の夕方、私がどこで寝るかという問題についてニカシが前夜に述べた言葉はどういう意味なのか詳しく説明してもらった。

それからニカシは集落から一キロメートルほど離れたところにある孤立した小作農家に私を連れて行った。畜舎にいた小作農はニカシのことをよく知っているようであった。その時、畜舎には四頭の大きな牛がいた。

私は牧場にある干し草の山から藁をロープで［束ねて］取って来るように命じられた。ニカシは畜舎に藁の束を運び込むと秣桶《まぐさおけ》にそれを入れた。秣桶には牛が繋がれていたが、牛から少し離れて置かれていた。それからニカシは私がしなければならない仕事について説明した。その仕事をすれば農夫は私が畜舎で毎晩寝ることを認めてくれるはずだ。毎朝、畜舎を磨き、私が眠るのに使った藁で［牛の］寝床を整え、もし農夫の言いつけがあれば干し草の山に藁を取りに行かなければならない。夕方、暗くなる前に［ニカシ家から］農家に戻って畜舎での作業を手伝い、自分の寝床を準備しなければならない。

社会が孤児院に託した子供をニカシが引き取れたのは、小作人と結んだこのような契約のおかげであった。

一五分後、彼らは外扉に鍵を掛けて畜舎から出て行った。［今夜の］寝床は前夜の寝床に比べるとましだったが、私はよく眠れなかった。というのも、私は牛に近づいたことがなかったせいで牛の性質についてまったく知らず、きっと夜の間に牛に食べられてしまうと嘆き悲しむしかなかったからだ。牛の首輪が少しでも音を立てると、私はすぐに立ち上がり、激しい身振りで周りにいる牛を脅して蠅《はえ》のように追い払った。

それよりもさらに怖かったのは、まるで歩道の上を通るかのように私の身体の上を小走りに渡ろうとする鼠であった。

＊

貧窮に迫られたニカシが孤児院から子供を引き取ったのはその子供がもたらす利益のためであったことはすでに述べた。

そうした事実はニカシが手にしたわずかな金額からすると、今となっては馬鹿げていたように思える。私がニカシの家を出ることになったことを知ればさらに馬鹿げていたと確信できるはずだ。もし忘れていればここで思い出してもらいたいことがある。その当時、私はあと一カ月で九歳を迎える年齢であった。したがって、私の冊子には三七枚の証券［養育費を受け取るための証券、ただし養育期間が一二歳の終わりまでなら四九枚になるはずである］が入っていたはずである。各月末に前月分の一枚を切り離して村長のもとに持って行くとそれと引き換えに五フランを受け取れた。

ニカシはそうした面倒事を免除されていた。その理由はすでにわかっているはずだ［ニカシが読み書きできなかったことを示している。読み書きができなければ証券を換金する手続きができない］。

孤児院は、一八五フランと特別手当一〇〇フランの合計二八五フランを月割りでニカシに支給した。この村ではそれなりに大きな金額である。ニカシ家にとってはなおさらである。

特別手当を受け取るために、ニカシは明らかに意に反することだったが、私を数日間学校に通わせなければならなかった。そうしなければ、学校の教師は品位に欠けた村長を手本にしたいと思わない限り、私の在学証明書をニカシのために発行しなかっただろう。在学証明書はそれほど重要な文書ではなかったが、ニカシがとりあえず特別手当を手に入れるために必要な文書であった。

それほど重要ではないと私が述べたのは、先述のとおり、ニカシに特別手当を支給する前に管理部は規則に従って［一］二歳［原文は「二歳」となっているが明らかに誤記］の終わりに孤児院で私に試験を課さなければならなかったからだ。

次の休暇まで——ちょうど三カ月——村の学校に通うことをニカシが私に許可したのは、単に証明書の発行を拒まれないようにするためであった。それに三カ月の勉強にかかる費用はそれほど大きな額ではなかった。実際、学校の教師はさまざまな本を買ってもらえるように**君の両親**にお願いしろと私に言い続けた。しかし、長い話し合いのすえに一冊の手帳を買えるように私に卵を一つ渡すようにニカシを納得させるのがやっとであった。私は三カ月で四冊の手帳を使ったので出費は卵四個分であった。

このように本も与えられず、励ましも得られなかったにもかかわらず、試験の日を迎えた私は一等賞を獲得できた（この事実を確認したい懐疑論者はヴァラーノ・デ・メレガーリに行って一八八二年の学業試験の記録を調べればよい）。それに競合者の中には一三歳や一四歳の子供もいた。しかし、孤児院の学校ではこの村［の学校］で学べることよりもはるかに多くのことを学べたことも考慮に入れるべきだろう。

この村の学校には私［が起こした事件］に関する記憶が残っていた。私が罪を犯した後、情報に事欠いた新聞記者たちはそれと刺殺事件に関連性があると判断した。帽子を空中に投げ上げてウンベルト一世陛下の肖像画の正面に設けられた窓を思わず壊してしまった［という事件であった］。それだけで私は当時からすでに王たちの敵であったと立派な裁定者たち［新聞記者たちのこと］は断言した……。

＊

［一等賞の］賞品は私が上級学校に通える能力を持つことを示す装飾つきの美しい証明書であった。ニカシの妻が私の証明書をどのように扱ったのか知りたいだろうか。彼女はそれを小さな窓の枠に貼り、もともとそこにあった古い紙の代わりにした。翌春に怯えた雌鶏が突き破って通り抜けてしまうまで証明書はその場所に貼られていた。

ところで賞品といえば、孤児院の学校にいた時にすでに別の賞品を獲得していたことについて言及しなければならない。

その賞品のせいで起きたことを考えると、ほかの賞品を獲得しようという意欲を私が失ってもおかしくなかっただろう。

いったいどういうわけか述べておこう。孤児院の学校の賞品はリンゴであった。そして学童の学識に応じて大小が決まっていた。私は最も大きなリンゴの一つを獲得した。私はモニチの妻に贈ろうと思って、リンゴをズボンのポケットに無理やり押し込んだ。

家に戻って中に入る前に私はポケットからリンゴを取り出せないことに気づいた。試行錯誤が失敗に終わった後、私はリンゴを取り出すためにポケットを引き裂かなければならなかった。服を破くといつもモニチの妻に**私の両頬**の側面を叩かれていたが、少なくとも今回だけは叩かれたくなかった。そこで私はリンゴを差し出すのと同時にポケットの状態も見せるように気を配った。大きなリンゴではなく小さなリンゴをもらっておけばよかったと後悔した瞬間であった。

三カ月の学校生活の間、毎日のように私は精神的な責め苦に耐えなければならなかった。もし私がそれをもっとよく理解できる年齢であったなら、自分が生まれた日をきっと呪っていただろう。

孤児院の制服はすべての学童のあらゆる種類の悪意の対象になった。彼らは罵詈雑言で私や制服を嘲笑するだけでなく、手当たりしだいあらゆる物を投げつけて攻撃しながら次のように言った。

「私生児を追放しろ［イタリア語にフランス語訳が添えられている］」

この村ではニカシを除いて私はいつもそう呼ばれていた。その当時、私はそれを単なる渾名だと思っていた。私は学校の課題を手伝うように誰かから求められると、友人を作りたいという気持ちからできるだけ迅速に助けた。しかし、助けられた者たちは学校を出てしまうと、受けた恩をすっかり忘れてしまった。

彼らの仕業のせいで私は遠回りして学校まで走ったり家に帰ったりしなければならなかった。それは孤児院の友人たちとはまったく異なる学友たちのふるまいを避けるためであった。

私の後ろにいた学童が私の制服の襟に虱《しらみ》がたかっているのを見て、突然、警報を発した。そのせいで私の苦難はますます悪化した。この虫はニカシ家では身近な存在だった。というのも、先述のようにニカシ家の息子は部屋の隅に襤褸を貯めていたが、パルマに売りに行くのはその量が少なくとも二キンタル［一キンタルは一〇〇キログラム］に達してからであった。さらにニカシ夫妻は虫をわざわざ駆除しようとしなかった。身体を掻いた時に手の中に落ちた虫を殺すだけで満足していた。

孤児院を出てから二週間も経つと、すでにこの虫が大量に付着していたと言ったら簡単に信じてもらえるだろうか。この昆虫は信じられないほどの速さで増殖した。畜舎で服を着たまま眠らなければならなかったうえ、シャツが一枚しかないせいで私は着替えられなかった。そのため虫は何の苦労もなく容易に順応できた。

六脚の寄生虫が私にたかっているという悲惨な状況が発覚した日から私がどのような目に遭ったか想像できる者は誰もいないだろう。私は学童たちからだけではなく老人たちからも侮辱を受けた。

ある日、私が同じ集落に住む子供の隣にしばらく座って算数の課題を手伝おうとしたところ、その子供が母親から厳しいおしおきを受けたのを覚えている（思い出すだけで深く心が動かされる悲しい記憶だ）。

彼女が子供を叩きながら「虱だらけになったおまえの姿なんて見たくないと今朝言ったばかりでしょう」と言うのが聞こえた。

そして彼女は私を軽蔑の眼差しで一瞥《いちべつ》すると、子供を連れて立ち去った。

ああ、どうすれば私は子供時代を忘れられるのか。子供時代に受けた苦痛を誰が償ってくれるのか。社会よ、教えてほしい。おまえの被後見人である孤児は本当にこのような仕打ちを受けるべきだったのか。その女の言葉と表情のせいで屈辱を味わった私はニカシの家に帰る気さえなくしてしまった。

そこで私は涙を流しながら近くの森にまず身を隠した。さらなる苦難のもとになる忌まわしい虫を駆逐するためだ。私はこの作業をほぼ毎日くり返したが、完全に絶滅させることはできなかった。私は作業に多くの時間を費やした。誰にも見られないように密生した森の中に身を隠していたにもかかわらず、誰かに見られているのではないかといつも不安になったからだ。私は意味もなくいちいち立ち上がり、誰もいないか確認するために不安げに周囲を見回したり耳をすましたりした。嫌悪を催させる作業中に目撃されるのを私は常に恐れていた。

その頃に身についた習慣、つまり、私の襟元を見ている人がいないかどうか、いちいち振り返って確認してしまう癖をなくすのに五、六年もかかった。

＊

私は休暇を過ごしていた（残念なことに終わりのない休暇であった。休暇に終わりがあればどんなによかったか。嘲笑の対象になっていたものの、私はまた学校に通いたかった。しかし、この望みは叶えられない望みであった。後に技能を学びたいと望んだ時もそうであった）。すなわち、私は路上の鳥や牛馬の糞《ふん》を集めて休暇を過ごしていた。

毎朝、タイル状のポレンタを受け取るために私は**父**と**母**に古い籠に詰めた糞を見せなければならなかった（ああ、読者よ、憤慨しないでほしい。私の話の中でダイヤモンドについて語ることがあるとはまさか思っていないだろう）。ヴァラーノ［・デ・メレガーリ］から［東に］七キロメートル離れたフォルノヴォ［・ディ・ターロ］という村に通じる道を歩き回りながら乾いた糞や湯気が立っている糞を手で集めた。歩き回る距離の長さはフォルノヴォで市が立つ日かどうかで変化した。

フォルノヴォ。一五世紀末、この村の前でフランス軍とスペイン軍［正確にはヴェネツィア軍を主体とする同盟軍」の間で大きな合戦［一四九五年に起きたフォルノヴォの戦い］が起きた。ターロ川とチェノ川という二本の川がフォルノヴォの前で合流してターロ川という一本の川になる。そのターロ川に架けられた長い橋——合戦中に破壊された——の痕跡は今でも見ることができる［トルフェッリによると、橋はフォルノヴォの戦いで破壊されたのではなく、一二九四年の洪水で破壊されたという］。それ以来、その橋は、二つの谷間の住民に大いに役立っていたにもかかわらず、ずっと再建されなかった。ようやく再建されたのはここ一〇年のことである。それは四世紀［という時間］と**統一された**イタリアがこの谷間にもたらした進歩を示している。

午後になると、私は二つ目の籠を満たすためにまた路上を歩き回った。

さらに週に一日、たいていは月曜日に私は襤褸の袋を持って村で見かけるごみの山——特に裕福な家庭のごみの山——を掻き回して、骨や襤褸など貴重なものを拾い集めていた……。

毎月、ニカシは私があばら家の前に積んでおいた堆肥を村の富裕な地主に売った。それは三フランほどの稼ぎになった。

その年の一一月一五日まで、私はこの仕事に忙殺された。一一月一五日以降、偶然の出来事がきっかけでニカシはもう少し実入りの良い別の仕事に私を就かせた。もし実入りが良くなければ、彼は別の仕事に私を就けようとしなかっただろう。

それがどのような仕事であったか述べる前に、ニカシの息子と娘の荒唐無稽な結婚について少し述べておきたい。

その当時、二九歳のニカシの娘がノチェト［ヴァラーノ・デ・メレガーリから北に二三キロメートルの場所にある村］という村に奉公に出て畑仕事をしていたことはすでに述べたとおりだ。

その年の八月初め［正しくは一八八二年六月一七日］、ニカシの娘は背中に小さな瘤《こぶ》のある五五歳の寡夫［ジョヴァンニ・カヴァッリ、実際は五五歳ではなく三〇歳］とその村で結婚したが、すぐに死別してしまった。

＊

「蜜月」をニカシの家で過ごそうとやって来た新婚夫婦は、その日の夕方にこれから暮らす村に戻るために出発した。年老いたニカシの妻は娘婿から新しい服と靴を贈られて喜びに酔っていた。服と靴は前もって準備されたものだった。

娘婿の障害や年齢にもかかわらず、私はニカシの妻が近所の者たちと一緒に「シャルロット［娘の正しい名前はカロリーナ］はこんな**立派な**男と結婚できて幸運だった。しかもほぼ同郷人だ」と自慢するのをよく耳にした。というのも、ノチェトはパルマから五キロメートル［ノチェトからパルマの中心地までの距離は実際には約一二キロメートル。ニカシがおそらくパルマの生まれであることから「同郷人」と言及されている］しか離れていなかったからだ。

妹の結婚式の一カ月後、パナードの調達人［ニカシの息子のこと］は山間の小さな村で結婚式を挙げることになった［結婚証書の日付は一八八八年六月三〇日だが、数年前から内縁関係にあったと考えられる］。驚くべきことに、この出来損ないは三三歳にもなって一七歳の若い娘［マリア・ローザ・ピニ、ヴァラーノ・デ・メレガーリから南西に約一六キロメートルの山中にあるヴァルモッツォラという村で生まれた」と結婚しようという大それた望みを持っていた。その娘は身寄りのない貧しい孤児であり、幼い頃から村のあらゆる住民の山羊を放牧して生計を立てていた。

この不幸な女は、襤褸の売人と結婚すれば自分を遥か向こうの地——山がそれほど険しくなく噂によるとすべての住民が豊かに暮らしている場所——に連れて行って幸福にしてくれると思ったようだ。

この不運な女は厳しい労働で得たわずかな稼ぎから少しずつ貯めて二五〇フランというささやかな持参金を何とか準備した。

彼女は故郷の村を離れたことをすぐに後悔することになった。実際、結婚から数カ月後、ニカシ家は村中の物笑いの種になっていた。

というのも、ヤマシギ［ニカシの妻のこと］と嫁の口喧嘩が絶えなかったからだ。嫁はニカシ家の中で最も背が高く、姑《しゅうとめ》に拳や爪で反撃した。彼女は私の母を叩くだけではなく、彼女の夫も叩き、山間の村に戻って暮らすために二五〇フランを返せと絶えず要求した。

ニカシは、手に負えない妻をどこか別の場所に連れて行って所帯を持つように息子に勧めればこの状態を改善できると考えた。そして、息子夫婦はそのとおりにした。しかし、別居は数日しか続かなかった。というのも、二人の女の喧嘩の種が余計に増えたからだ。

同じ集落の中に留まった息子夫婦は水を入れるブリキ缶さえ持っていなかった。そのため息子夫婦は食事を作ろうとするたびに、老夫婦の家に行って必要な道具を貸してもらわなければならなかった。

ニカシの妻がモンタナーラ（「山地人」と嫁は呼ばれていた）の要求をすべて拒否することに喜び

を感じていたせいで頻繁に諍《いさか》いが起きたようだ（そうした諍いの最中に雌鶏が危険を避けようとして私の証明書に穴を開けてしまったのだろう）。

彼らは再び一緒になって一つの所帯を形成した。しかし、そうした連帯はすぐに壊れてしまったのでまた結合させる必要があった。

あまりに目まぐるしい変転が起きたせいで、夫は出稼ぎから戻る途中、パンの皮が詰まった袋を実家に届けに行く前に、妻がまだ一緒に住んでいるかどうか確認するのが習慣になったくらいだ。

そうした状況は多くの子供たち――その数は後述する――が生まれたことで息子夫婦が刺々《とげとげ》しい態度をもう少し控えて**姑**の権威を尊重するほうが得策だと納得するまで続いた。というのも、姑が子供の世話をしている間、モンタナーラは農家で働き、一日に六〇サンティームを稼げたからだ（これは春と秋に女に支払われる日当である。夏であれば一フラン、最大で一フラン二〇サンティームが女に支払われる）。

この家族の行動をここで伝えることは私にとって恥ずべきことのように思える。なぜなら私もしばらく家族の一員だったたからだ。しかし、私の子供時代の一部がどのような状況に置かれていたのか知ってもらうために私はこのようなことを伝えている。そもそもこの家族は私の尊敬に値するだろうか。

＊

その年の聖マルティヌスの日［キリスト教の祝日の一つで一一月一一日］にこの村、正確にはこの集落に盲人の物乞いが住み着いた。この不幸な男は、物乞いをするために案内してくれる子供を必要としていた。

もしニカシが私をすぐに推薦しなければ、この村で案内してくれる者を見つけるのは難しかっただろう。言うまでもなく、ニカシは人間を敬虔な行為に駆り立てる［宗教的な］原理に基づいて私をその仕事に推薦したわけではない。

私にその仕事をさせたほうが糞を拾わせる仕事よりも稼げるとニカシは胸算用したのだろう。

そうしたニカシの思惑によって、私は糞を拾い集める籠を残して盲人に同行することになった。

ニカシが貧しい［盲人の］トビエと交わした契約は以下のようなものであった。毎日、私は彼の指示に従って、物乞いのために周辺の村や離れた農場に彼を連れて行く。彼に与えられたものを私が受け取って袋に詰め、組み紐で縛って肩に担ぐ。

夕方、ニカシの家に戻ると、盲人が受け取ったあらゆる物がニカシによって二つに分けられた。ニカシは半分を盲人に渡し、もう半分を**我々**の家に残した。

毎朝、私は畜舎からニカシの家に行き、大雪や雨の日以外、**前夜に私の父が示した**道順に沿って盲人を案内した。

（どこかの村でお祭りがあると、ニカシ自身が盲人をそこに連れて行った。お祭りでは施しのお金を受け取れる機会があるからだ）

私は片手で長い棒の端を持ち、盲人の前を歩いた。トビエが棒の反対側の端を持った。家の扉の前に来ると、私は立ち止まって盲人に話しかけた（私はいつも特定の**雰囲気**がある扉の前にしか立ち止まらないように注意していた……）。

トビエは意味不明な長い説教を朗唱し始め、その中で（盲人の守護聖人だと言われている）**リュシー**［イタリア語表記はルチア］という名を頻繁にくり返した。それは主婦が我々を追い払うために何かを与えてくれるまで続いた。主婦の中には［たまたま］何も**火を通した**物がないと言い訳して――もっともそれはまったく根拠がない言い訳ではなかった――一握りの小麦粉を我々に渡す者もいれば、一握りのそら豆やトウモロコシ、そしてそのほかの穀物などを渡す者もいた。

またさまざまな穀物の粉を渡してくれる者もいた。

私は受け取った物をすべて袋に詰めた。片方の仕切りには穀物、もう片方の仕切りには穀物の粉が入っていた。出会ったすべての子供たちから嘲笑されたが、私は賞賛に値する几帳面さで責務を遂行した。

盲人のために尽くしたことを思い出すたびに喜びを感じるので、その記憶をここで蘇らせることができて私は満足だ。

私が善意をもってこの仕事に取り組んだにもかかわらず、ニカシは何かにつけて私を非難した。

ニカシの話を聞いていると、周辺の各家庭で作られているパンの質の違いをすべて知っているのではないかと思うほどだ。ニカシが知っていてもおかしくないと私は思っている。

ニカシはよく私に言っていた。「馬鹿者め、おまえはトビエをこの家やあの家に連れて行くな。そこにはろくなパンがないぞ」

ニカシはパン以外の物も盲人に渡されていることを見落としていた。分配を済ませた後、ニカシはパンやポレンタをいくつか私に渡すと、翌日、盲人を案内する道順を指示した。

盲人を彼のあばら家まで送り届けた後、私は小作農家に走って行き、自分の寝床の準備と小作農から命じられた雑用をこなした。

最後の仕事を終えた後、私は牛や鼠に囲まれて眠りに就いた。もう牛や鼠は怖くなかった。疲れているにもかかわらず、虱のせいで深い眠りに就けなかった。

私は翌年の四月末までこのような生活を続けた。そして、一一月初旬に同じ生活を再開した。

＊

［そうした生活の合間の］六カ月間、私は別の仕事に忙殺されていた。あまり儲からない仕事だったので、ニカシがなぜ私に新しい仕事をさせたのかわからない。

ただそれは村の主任司祭を満足させるか否かの問題でしかなかった。というのも、その仕事に私を就けるように依頼したのは主任司祭であったからだ。ニカシ家の者たちの魂をたった一言で地獄に落とせる人物の依頼をニカシが断れるだろうか。

そこでニカシは主任司祭を満足させることにした。ここに二つの条項からなる契約が成立した。
一、一〇月末まで、つまり美しい季節［春の終わりから秋の初め頃までの天候に恵まれた季節］のみ私は主任司祭の家で暮らす。
二、その対価として私は簡素な食事を、ニカシは六フランのお金を受け取る。
主任司祭はジュゼッペ・ヴェヌスティという名であり、聖職位階において**首席司祭**の地位にあった。というのも、ヴァラーノ［・デ・メレガーリ］は周辺の集落と比べて大きな村だったからだ。私はこのドミニコ会士［一三世紀フランスで設立された宣教と清貧を旨とするドミニコ会に属する修道士］ほど慈善行為にふさわしくない吝嗇《りんしょく》な人間をほかに見たことがないと断言する。現世の富貴を重んじない戒律の信奉者であるにもかかわらず、彼は教会に属する二つの農園から上がる収益を享受するだけでは満足できなかった（私が知る限り、この谷間の各教会に勤める主任司祭たちは誰もがそのような収益を受け取っていた。それを知った後、私は不誠実な聖職者たちが連禱《れんとう》［司祭の唱える祈願に対して会衆が短い文句で一つ一つ唱和する形式の礼拝］を唱えても驚くことはなかったが、真の神として崇拝されるのにふさわしいアダムを貶《おとし》めていることを恥じないことに驚いている［聖職者が神の慈愛を説きながらもそれをアダム、すなわち人間に対して実践していないのは欺瞞《ぎまん》だとルキーニは考えている］。言うまでもないことだが、幸いにも私が自分で耕せる小さな農場を［教会から］与えられていれば、聖職者に対して敬意を欠くことはなかっただろう。恩義に篤い私は誰が自分の恩人なのかしっかりわきまえていたはずだ）。彼は一つの農園の耕作を小作農の一家に任せていた。小作農の一家には全収穫の三分の一しか残らなかった。もう一つの農園の耕作は神父が必要に応じて集めた日雇い労働者たちによって担われていた。彼は日雇い労働者たちにわずかな給金しか支払わなかった。それと引き換えに日雇い労働者たちは多くの祝福を授かっていた。

その一方、ジュゼッペ［原文はジョゼフとフランス語表記になっているがイタリア語表記で統一する］神父は小作人たちが穀物庫と地下蔵に運び入れた白いパンやマスカットワイン［甘口の食前酒］を食べたり飲んだりしていた。彼は［教会所有の］二つの農園と自己所有の三つ目の農園からの収益だけでは満足できず、毎年、畑や森を買っていた。三つ目の農園を耕作しているのは彼の兄弟であった。

ジュゼッペ神父は［信徒たちの］魂を煉獄《れんごく》から出して天国に昇らせるという名目でお金や贈り物を当然のように受け取っていた。彼に若鶏を持って来る愚か者たちはそうした名目を信じていた。将来、［成長した］雄鶏がジュゼッペ神父の腸の中に収まって腐るだけだというのに。

畑や森を購入した首席司祭が最初にすることは一〇〇メートル間隔で周囲に杭を打ち込むことである。それは村の貧しい者たちに害をもたらした。というのも、新しく購入された土地が教会以外に属している場合、貧しい者たちは薪やそのほかの物を集めに行くことができた。しかし、司祭は「狩猟禁止」「薪取り禁止」「枯葉集め禁止」「放牧禁止」などさまざまな禁令の掲示を杭に貼り付けていた。

こうした貪欲さは彼の姉妹であるジョバンニーナ嬢［フランス語表記が括弧書きで併記されている］のために巨額の持参金を作ること以外に目的はなかった。彼女はすでに三〇歳くらいであり、背が高く痩せぎすであった。この淑女も兄弟に負けず劣らず貪欲だったのは言うまでもないことだろう。私は彼女がお金を隠している場所をたまたま知ってしまった。それは私が犯した大きなあやまちである。これからそのことについて述べよう。

五月の初め、私は首席司祭の家で働き始めた。その二日前、ニカシは自分の**面目**を保つために私の服、すなわち孤児院の制服をすべて洗濯するよう母に言った。孤児院の制服は年月を経てすっかり面影を失っていたが、私の服としてまだ使われていた。服はそれ一着しかなかった。世界中の孤児院の制服を見ても、私が孤児院を去る日に着ていたような制服は一着もないと思う。

そこでニカシの妻はぶつぶつ不平を言いながら、私のくたびれた制服をポレンタ用の古びた大鍋でまるで古い雄羊の脚のように煮た。

この洗濯のせいで私は服が乾くまで全裸で三六時間以上も［ニカシの］**住居**で待つことになった。主任司祭の家に入った時、私が清潔だったのはそのおかげである。しかし、私の服の中ですぐに［虱の］卵が育ち、新しい世代が生まれた。首席司祭の家で私は服を着たまま寝るしかなかった。私が寝かされた場所は猫よりも大きな鼠のいる納屋だったからだ。

こうした話題にまた戻らずにすむように、要するに私は兵役に就いていた頃やわずかな期間を除いて常にこの虫と一緒であったとここで断言しておこう。というのも、読者よ、私は君をうんざりさせたり、食欲を失わせたりしたくないからだ。

ジュゼッペ神父が私に課した最も重要な仕事は二頭の牛と一頭の大きな子牛の放牧であった。そうした仕事に加えて朝の四時か五時くらいから夜の八時まで休む暇もないほど多くの雑用をこなさなければならなかった。

神父は簡素な食事と引き換えに私に［厳しい労働という］高い代償を支払わせた。

信じられないことかもしれないが、首席司祭は自宅で二種類のパンを焼いていた。一種類は彼と彼の姉妹のための白パンであり、もう一種類は私と召使いのアニェスのためのライ麦パンである。少なくともアニェスは台所で食事を摂り、［同じ］屋根の下に置かれた古い粗末なベッドの上で横になることを認められていた。その一方、私は厩舎《きゅうしゃ》に連れて行かれ、そこで食事を摂らされた（理由はきっとわかるはずだ［虱がたかっていたせいである］）。さらに私は階段を上って台所や寝室のある二階に入ることを禁じられていた。ただし台所へ薪を運ぶように命じられたり、もしくはアニェスが靴を下ろすのを忘れてしまってそれを取りに行くように命じられたりする場合、二階に入ることが認められていた。ある日、薪を台所まで運んで戻る途中、私はジョバンニーナの部屋の前を通りかかった。私はジョバンニーナがベッドの中に何かを急いで隠している現場を目撃した。

＊

「読者へ」の中で私は率直に書くことに努めるとすでに言った。したがって、私が主任司祭の家に入ってから二カ月目にそこで犯した些細な盗みを告白する時が到来した。

それは赦されるのか。赦してもらえても、もしくは赦してもらえなくても私は気にしない。

私が盗みを犯した状況は以下のとおりである。

六月のある日、アニェスは薪の山を台所に運ぶように命じた。台所に行くには主任司祭の姉妹の部屋の前を通らなければならなかった。

私が裸足で歩いていたのは靴がなかったという単純な理由による。先述のように私は台所から戻る途中、ジョバンニーナがベッドの敷布団と藁布団［ベッドの最下部に敷かれる藁が詰められた布団］の間に何かを隠しているのを目撃していた。

彼女は私に見られないようにするために扉に背中を向けるべきであった。そのような作業をしている時に私に姿を見られたことを彼女が悟っていれば、間違いなく私を司祭館から追放しただろう。

厩舎に戻った私は、ジョバンニーナがベッドの中にいったい何を隠しているのか推測しようとした。

きっと彼女は前年からずっとリンゴをそこに蓄えているに違いないと私は思い込んだ。きっとリンゴは食べ頃になっているだろう。その［ような考えに至った］結果、私はリンゴを一つだけ失敬したいという誘惑に駆られた。そこで私は主任司祭の姉妹が留守の時を狙って彼女の寝室に入った。寝室の扉には簡単な掛け金があるだけで鍵は掛けられていなかった。

私は敷布団と藁布団の間に右腕を差し込んだ。するとリンゴの代わりに大量の硬貨の感触が私の手に伝わってきた。まるで毒蛇の巣に触れてしまったかのように身体が震えた。私は稲妻よりも速く逃げ去ったが、その時は何も持ち出さなかった。

数日後、私は一スー［銅貨］だけ取ろうと固く決意してその部屋にまた入った。私は［敷布団と藁布団の間に］再び腕を差し込んで、指の間に硬貨を挟んだまま腕を引き抜いた。厩舎に駆け込んで自分が盗んだ物を見た。それは一スー［銅貨］ではなく二フラン銀貨であった。私は銀貨を元の場所に戻したくなった。というのも、二フランは私にとって大きな金額であり、なくなったことがすぐに発覚してしまうと思ったからだ。

しかし、私は良心の導きに従って銀貨をベッドにすぐに戻す代わりに、その作業を翌日まで延期した。

翌日、私は部屋に戻ってベッドの中に二フラン銀貨を入れ、その代わりに一スー［銅貨］を取ろうとした。

硬貨を取り違えないように私は敷布団を枕のほうまで慎重に捲り上げてみた。そこにいったい何があったのか。私の目の前の二つの大きな布団の間に大きな籠が満杯になるほど夥《おびただ》しい量の硬貨があった。一〇〇スー銀貨、二フラン銀貨、それに多くの金貨などあらゆる貨幣があった。その時、もし私が読み方を知らなかったら二フランよりも大きな額を盗んでいたかもしれない。というのも、単なる綺麗な新品の銅貨だと思って金貨を手に取った時、偶然にも額面が二〇フランだと読み取れたからだ。

私は金貨をすぐに下に置いた。ベッドを整えると、私は二フラン銀貨を再び手に取って部屋から急いで離れた。

私は銀貨を厩舎の壁の穴に隠した。一カ月以上、銀貨はそのままそこにあった。

村で市が立った日に私は銀貨を使ってズボンを購入した。ズボンを誰に買ってもらったのかとニカシに聞かれたので、私は主任司祭からの贈り物だと答えた。そして、主任司祭にはニカシが買ってくれたものだと答えた。

翌年も含めて主任司祭の家に住んでいた一〇カ月間、私はジョバンニーナの部屋の前を通るたびに、まるでそこが悪魔の部屋であるかのように身震いした……。私は自分の盗みのせいで大きな代償をすでに支払っていた。なぜなら私は自責の念を感じていたことに加えて、犯人が見つかるのではないかと常に怯えていたからだ。

自分の罪を告白するのが責務だと私は思っていた。しかし、本当に私が受けるべき処罰よりも厳しい処罰が下されるのを恐れて告白できなかった。［主任司祭の家に住んでいた］一〇カ月間、盗みを犯した部屋に私がまったく足を踏み入れなかったことは言うまでもない。

主任司祭の姉妹が金を隠した場所のことも誰にも言わないように気をつけた。二フラン銀貨がなくなったことに持ち主は気づいていないようであった。彼女が盗難に言及しているのを私は一度も耳にしなかった。

一〇月末、首席司祭が私の手を必要としなくなったので、私はニカシの家に戻った。

数日後、私は盲人の棒の端を再び摑んで以前と同じように歩いた。

夏の間、盲人はニカシの案内で何度か旅をした。ニカシは盲人をパルマ県のほぼすべての村に連れて行き、あらゆる祭りに出た。

*

翌［一八八四］年、私は再び主任司祭の家に入った。この時の契約書には別の条項が含まれていた。滞在期間は［前年と］同じ、つまり五月一日から一〇月三一日までであったが、ニカシは六フランの代わりに一〇フランを受け取る。そして、私は食事［の受給］に加えて、ジュゼッペ神父が私のために購入しておいたボタンに至るまで新しいリネンの服を八月［一五日］の聖母被昇天の祝日に着用できる。聖母被昇天の祝日に主任司祭が牛を牧草地に連れて行かなくてもよいと認めてくれたことを忘れずに言っておきたい。私が服を見せびらかして自慢できるようにするためだ。その日、私は干し草と水の入った手桶《ておけ》を牛に与えるだけでよかった。

またこのすばらしい日にジュゼッペ神父は私が台所で食事を摂るのを許し、おいしい肉をご馳走してくれた。肉を摑んだ指を私は一週間も舐めていた。

前年と同じく一〇月末になると、主任司祭は私の手を必要としなくなった。そこで私はニカシの家に戻った。

主任司祭の家に一年間滞在したことによって信仰心は身についたのかと問われるかもしれない。信仰心は身につかなかったと答えておく。

さらに私が首席司祭のために働くようになった時、もし宗教的な原理を持ち合わせていれば、きっとそれを忘れざるを得なかったはずだと付け加えておきたい。

＊

（孤児院を出てから私に宗教について話してくれる者は誰もいなかった。そもそも孤児院でも宗教の導きはあまりなかった。その一方、盲人の説教について私に［きっとそれで信仰心が身についたはずだという］異議を唱える者がいるに違いない。それは児戯《じぎ》に類する異議でしかないと私は答える。何も与えられずに、ある主婦に追い出された時、トビエが急に語りを変化させたことを知っていれば、誰も私に［信仰が身についたはずだという］異議を唱えられないだろう。そうしたトビエの態度の急変によって、説教が私に真の信仰心を身につけさせるのにまったく適していなかったことは明らかである［トビエは説教しながら施しを求めたが、うまくいかずに不平を述べることがあった。そのような説教を聞いてもルキーニに信仰心は身につかなかっただろう］。

またそのような方法で宗教の教えを押し付けるべきではない。結局、宗教の教えは偽善者だけを生み出すので役に立つどころか有害である。それは私が**キリスト教徒**と称する人びとの中にいてこれまでずっと思っていたことであるし、今でもそう思っている……［キリスト教にルキーニがいつから不信感を抱くようになったかは定かではないが、少なくとも一七歳まで聖体拝領を受けていた。その後も教会の

集会に出ることがあった〕）

そのように思うのは私の主人〔であった主任司祭〕が貪欲であったからであり、主人と過ごした一二カ月間に私は聖母被昇天の祝日を除いてミサにも晩課〔日没時の礼拝〕にも出ることを許されなかったからである。

それは私にとって自明の理であった。私はそのことで主人を責めようとは思わない。牛の価格を査定する者によると、牛にはそれなりの価値があったとはいえ、主人は私の魂より牛に関心があった。毎日、反芻《はんすう》動物たちを牧草地に連れて行く必要があった。ミサの叙唱《じょしょう》の時間であろうと連禱の時間であろうと反芻動物たちはまったく気にせず、いつもと同じように草を食《は》んだ。私は反芻動物たちを世話しなければならなかった。

私は主人が思うよりもずっとうまく牧童の責務を果たしていたと自負している。というのも、私は主人の牛たちが権利のない場所に入って草を食むことを厳しく禁じ、もし穏やかに接しても牛たちが私の権威を尊重しなければ柳の鞭を使って必ず命令に従わせた。私はまだ幼かったものの、少なくとも牛たちにとってインコモド、すなわち「厄介者」であったことは間違いないだろう。

＊

次の冬は私にとって厳しい冬であった。というのも、盲人はヴァルシ〔ヴァラーノ・デ・メレガーリからチェノ川を西に直線距離で一三キロメートルさかのぼった場所にある村〕という僻遠《へきえん》の村に移っていたからだ。ニカシ家の人数は王が羨むような速度で増えていた。その数は後述する。

食欲盛んな子供たちを抱えたニカシはどうすればよかったのか。

私の**兄**は私を一度だけ出稼ぎに同行させた。しかし、私に恥をかかされたせいで彼は私を同行させようとしなくなった。

彼は、私が貧しい未亡人の多くの息子たちの一人であり、未亡人の貧窮を少しでも改善しようと私を山間に連れて行くことにしたと大胆にも市民たちに向かって主張した。私は兄の言葉を遮ると、彼が嘘をついていること、そして私がパルマのモニチ家と同じ町の孤児院で暮らしていたこと、彼の父親が孤児院から私を連れ出したことを市民たちに伝えた。そのようなことをくり返したらどこかの谷に私を捨てるぞとこの哀れな男がいくら脅しても私は市民たちに必ず事実を告げた。

この二〇日ほど続いた出稼ぎの後、我々はニカシの家に戻った。マッチは数箱しか売れなかったが、一週間分のパナードを作れる分のパンの皮が集まった。それ以後、私がニカシの息子に同行することはなかった。

ニカシの息子は、先日のように私が厚かましくも未亡人の息子ではないと言い張るのであれば、今後は自分の力だけで生きていかなければならないと折を見て述べたうえ、「おまえよりも幼い子供がいる。その子供たちだけで十分だ」と締めくくった。

＊

そのため私は毎日、食事と引き換えに何か雑用をさせてくれるように村の各世帯に頼んで回って一八八五年の冬を過ごすことになった。

森で薪の束を集めてくるように求める者や製粉所まで穀物を運ぶように求める者など、さまざまな仕事が見つかったおかげで私は忙しく過ごした。

ほとんどの場合、私は無料で食料を受け取った。アントニオ先生という富裕な家の長男が最も頻繁に私を使ってくれた。この長男は狩りに行く時に獲物袋を私に運ばせた。私は仕事の対価として大きな丸形パンを一つ受け取った。

その冬、「どうしてニカシはあの哀れな子供を孤児院から引き取らなければならなかったのか。孤児院の管理をする者たちはどうしてあの子をニカシに預けたのか」と村人たちが言うのを私は何度も聞いた。ほかにもさまざまなことを聞いた。

その冬の間、私は主任司祭の姉妹のもとに金を盗みに行く誘惑にしばしば駆られた。やろうと思えば簡単にできることだったが、私はすぐ誘惑を断ち切った。

ここで私はすでにどこかで言ったことをくり返さなければならない。すなわち、私を孤児院に連れ戻すのは村長（当時のヴァラーノ・デ・メレガーリの村長は製粉所の持ち主であるジュゼッペ・マントヴァーニという人物であった）の責務だったのではなかろうか。

もし私が病気になればニカシはどうしていたのかと何度も自問したことがある。

ところで、この村に住み始めてから数カ月後に私の身に起こった小さな事件について話そう。その事件のせいで私は死の危険にさらされた（もしかすると私は今ここにいなかったかもしれない）。その頃、食欲が増していた私はお馴染みの作業［虱を駆除する作業］のために入った森で見つけたあらゆる茸《きのこ》を生で食べるという習慣を身につけていた。

ある日、さまざまな種類［の茸］を食べた後、私は耐え難い痛みを感じ、まるで自分が蛇になったかのようにのたうち回るはめになった。

一時間後、私は意識を失った。どれくらい長く気絶していたのかわからない。その日以来、私は茸を見るだけで――ロワイヤル風［繊細かつ洗練された趣向を凝らしたさまざまな調理法］だろうとアンペリアル風［豪勢かつ濃厚な趣向を凝らしたさまざまな調理法］であろうとサルタン風［ピスタチオを風味として加える調理法］であろうと――吐き気を催すようになった。

少し稼いだり、少し無料でもらったりして私は冬を越せるだけの食料を準備した。その冬は私にとって思い出深いものになった。

＊

三月二五日（この日は労働者たちの聖母の日［聖母マリアが天使からキリスト受胎を告げられた記念日］と呼ばれている。農民たちがその年の［下働きの］少年や畑で働く雇い人を入れ替えたり家に迎え入れたりする日である。イタリアのほかの地域でも同じであるかわからないので、ここではパルマ県に限った話である）、ニカシは見知らぬ男を私に紹介した。その後二年間、その男が私の主人になった。

見知らぬ男は私のことをじっくり吟味し、昔の奴隷のように走り回らせた後（いかなる国のいかなる時代の奴隷よりもひどい境遇に私が置かれていたことを認めていただければ幸いである）、ニカシと契約を結んで私を雇った。

契約は以下のとおりであった。私はその男のもとに丸一年滞在する。対価として食料、綾織布の服二着、シャツ二枚、――靴底の張り替えが必要な場合――靴一足、帽子一個、そして一五フランの給金を受け取る。二年目も同じ契約とする。ただしニカシは一五フランではなく二五フランを受け取る。というのも、ニカシが私の給金を受け取ることになっていたからだ。

三月二五日から農園で下働きの少年として働くことになるとニカシから事前に伝えられていなかったせいで私は驚いた。

自分が吟味の対象になっていると私が悟った時に初めてニカシはそのことを私に伝えた。

言うまでもないことだが、私は何の異議も唱えなかった。それどころか、この村から出て、新しい主人のもとへ行って一緒に暮らせることを嬉しく思った。新しい主人が契約を結んでくれたおかげで私は多くのすばらしいことを享受できそうであった。だから私はこの村から二年も――できれば永遠に――離れることになるにもかかわらず、まるでちょっとした用事に出かけるかのようにそのまますぐに見知らぬ男と一緒に出発した。

私は何も持って行かなかった。私は襤褸にたかる害虫以外に何を持って行けばよかったのか。

*

その翌月の四月、すなわち、ニカシに新しい主人を紹介されてから一カ月後、私は一二歳の終わりを迎えた。そこでさもしいニカシは孤児院に一〇〇フランの特別手当を受け取りに行くことになった。彼は特別手当［を受ける］に値しなかったが、それを受け取った。

ああ、孤児院長が規則さえ遵守していればよかったのに。

先述のように、規則によると、その月の二二日［四月二二日、すなわちルキーニの誕生日］に私を孤児院に連れて行って試験を受けさせる必要があったはずだ。ここ三年にわたってどのように暮らしていたか私は孤児院長に話さずにはいられなかっただろう。

その後、孤児院長はニカシに特別手当を与えることを拒むだけではなく、この浅ましい男の手に私をそのまま委ねておくことを拒む判断を下せただろうか。

その一方、自分のもとに預けられた子供がいないにもかかわらず、さもしい男が厚かましくも特別手当を受け取りに来たことを知っていれば、孤児院長は何と言っただろうか。

不甲斐ない孤児院長よ、あなたの怠慢がどのような結果を生んだのか思い知っただろうか。

暗殺犯が［自分の孤児院の］**寮生であったことを知った**日にあなたはどうして**子供時代の暗殺犯を「立派な家庭」に預けたなどとパルマ県知事に**わざわざ**急いで報告したのか。**

それはあなた自身の言葉である。あなたが上役に書き送った手紙の中から私が判読した言葉である。私はその手紙を私に関連する文書の中で見つけた。

悔い改めよ、ヴィジー（私が罪を犯した当時、まだ孤児院を運営していた院長の名）。もしあなたの元寮生が徒《と》刑《けい》監獄《かんごく》で一生を終えることになれば、その責任の大部分はあなたの怠慢にあることを思い知るべきである。

＊

私の新しい主人はヴァラーノ［・デ・メレガーリ］から六キロメートル離れたルビアーノ［ヴァラーノ・デ・メレガーリから東に直線距離で約五キロメートルの位置にある村］というターロ川とチェノ川に挟まれた低地の先端にある小さな村に住んでいた。

去年の冬、私はこの村に盲人を案内したことがあった。きっとその時に主人は私の姿を見かけて、私の身の上を知り、雇えるかどうか検討する機会を得たのだろう。

いかに貧しい家庭でも子供たちを小作農のもとで働かせるのは稀であった。というのも、一日中、羊や山羊を牧草地で追う生活は特に冬において厳しいものであったからだ。

小作農は馬車で私を家まで運んでくれた。

彼の名前はアンジェロ・サヴィであった。家族は一四人で構成されていた。家族全員が成人であった。

私は彼の飼っている羊の群れを放牧することになる。この羊の群れは冬には三〇頭から四〇頭の雌羊からなり、夏には七頭から八頭の大型の牛が加わった。というのも、この大家族は広大な小作地を耕作していたからだ。小作地はほかの一五カ所の小作地とともにこの州で最も裕福な地主の一人であるボナッシ氏が所有していた。ボナッシ氏は由緒ある家柄の出身ではなかったものの、それは特に重要なことではなかった。

私の主人が家に到着して最初にしたことは、パンがたくさん詰められた大きな戸棚の前に私を案内し、パンが欲しければいつでも好きな時に誰にも許可を求めずに自分で戸棚に取りに来てもよいと教えることであった。

またこの家族は私が彼らと同じテーブルで食事を摂ることを許してくれた。そのように私が言及するのは主任司祭と信徒たち、つまり彼に倣うあらゆる者たちの恥ずべきふるまいを指摘するためである。ただし同じテーブルで食事を摂ることが許されたのは最初の二日間だけであった。この家に到着した時の私の状態は、たとえ主人たちが善意を持っていても一緒に席に着けるような状態ではなかった。

主婦は嫌気が差すほど驚きながらも直ちに事態を収拾した。この家族のもとで私は厩舎の秣桶で服を着たまま寝なければならなかった。しかし、**彼ら**が私のことを［物笑いの］種にする暇は少なくとも内輪ではほとんどなかった。というのも毎週日曜日の朝、主婦は私にシャツを着替えさせ、娘たちに私の服を洗わせたり繕わせたりするように気を配ったからだ。

このように私の境遇はこの家族のもとで働くことで改善された。私は彼らの役に立つために最善を尽くした。実際、家族の者たちは私の仕事ぶりに非常に満足していた。彼らは、私のような活発で聡明な少年を初めて見たと頻繁に言って賞賛してくれた。

クリスマスの祝日に主人が労働者たちに三日間の休暇を与え、家族と一緒に過ごせるようにする慣習があった。

ニカシの家に戻るべきだとわかっていながら私は休暇を取る気にはなれなかった。したがって、もし自分の一存で決められるのであれば、主人たちと一緒にクリスマスを過ごしたかった。しかし、そういうわけにはいかなかった。というのも、小麦粉五キログラム、白パン三個、三リットル入りの大きなワイン瓶一本、そして一塊の肉――豚を屠殺《とさつ》するのはごく稀なことであった――を主人から労働者に贈る習慣があったからだ。そうした贈り物のせいで私の祝祭は台無しになった。クリスマス・イヴの前日の午後、私は主人たちの家にニカシが到着したのを見た。ニカシは、**大切な子供**が**家族の中で**休日を過ごせるように**強い思いやり**を抱いて迎えに来た。私はニカシの家に戻らざるを得なかった。

二年間、私はサヴィ家に滞在した。ニカシは二回のクリスマスを除いて私に会いに来ることはなかった。ニカシがクリスマスに会いに来たのは私に愛情を抱いていたためではなく先述の贈り物を家に持ち帰るためであった。

二回目のクリスマスをニカシの家で過ごした後、私は主人たちのもとに戻ることになった。**彼らの**あばら家を去る際に私はニカシ家の者たちに別れを告げた。というのも、私は彼らの姿を二度と見るつもりはなかったからだ。

ニカシは以下のように主人たちに伝えるように私に言った。私を再び雇うために必要な**私の**給金の増額について合意を取りつけるために、「契約終了日の」三月**二五日**を迎える数日前に私の**父**が主人たちの家を訪問する。

有産階級の皆さん、これからご覧いただくことになるが、ニカシはまんまとだまされることになる。二カ月から三カ月にわたって私はどうしても実行してみたい計画を毎日のように考えていた。すなわち、谷間から出奔してどこかへ行くという計画である。

というのも、ニカシが自分にとってどういう存在なのか私は明確に認識するようになったからだ。

私が**父**という愛情のこもった名を付けたこのさもしい男は本当の父とはほど遠い存在であると私は悟るようになった。

私が一二歳を過ぎて長い時間が経ったにもかかわらず、このさもしい男はどのような技能を学びたいのか私に尋ねなかった。愚かにも私はモニチが与えてくれた［技能を学べるようになるという］希望をまだ抱いていた。

私が苦労して稼いだわずかな給金のうち、このさもしい男は一サンティームたりとも私にお金を渡さなかった。

また私はニカシと一緒に過ごした悲惨な暮らしを覚えていた。そして、山間に出稼ぎに一緒に行って家に戻った時、ニカシの息子が私に言ったこと［「おまえよりも幼い子供がいる。その子供たちだけで十分だ」という言葉］がまだ耳に残っていた。

私はこのニカシに対して不平を述べ、ニカシによる抑圧に終止符を打つのが当然ではなかったのか。ニカシのもとにもニカシの住む村――丘を登る途中、その鐘楼がずっと見える――にも二度と戻らない。それがクリスマス以来ずっと私が考えていた計画だった。**私の父親が家に戻らなければならないと言った**ので三月二五日を迎えたら仕事から離れなければならないと主人たちに伝えることで私は計画を開始した。

＊

サヴィ家で働き始めて二年を迎える八日前、今にもニカシが主人たちの家にやって来て見つけられてしまうのではないかと恐ろしくなった私は、ジェノヴァにまっすぐ向かおうと村から逃げ出した。ルビアーノの近くを通る――ただしタ―ロ川を挟んで対岸にある――広い道がジェノヴァに通じていることを私はよく知っていた。というのも、道標に書かれている案内を私は何度も読んでいたからだ。

ジェノヴァという言葉は谷間のあらゆる村々で馴染みのある言葉であった。なぜならどこかの会社の汽船にジェノヴァで乗船して南米に移民するように住民に呼びかける貼り紙が移民斡旋業者によってあらゆる場所に持ち込まれていたからだ。

私は全財産を持って旅立った。私の着用していた粗末な服は身の回りの品物をすべて詰め込んだせいで、ところどころ二倍にも三倍にも膨らんでいた。出発の前夜にあらゆるポケットにパンを詰め込んでおくように気を配った。このように準備を整えると、私は一四歳に一カ月足りない年齢で世間という道に乗り出す冒険の旅を始めた。

いったい道はどこに続いているのか……。

＊

私の物語がここまで進んだところで、すなわち、私の子供の頃の思い出がもうすぐ終わるところで、読者の君は私の青年の頃の思い出を読み始める前にいったん読むのをやめて、これまで読んできたことを少し振り返っていただきたい。

もし君がこれまで読んできたことを振り返れば、子供時代の私の庇護者になること（法律によればそれは当然のことである）を誇っていたはずの存在、すなわち社会が私に対して重大なあやまちを犯したことを良心に基づいてきっと確信してくれるはずだ。その一方、君が私の子供時代の思い出を読んでいる間に本当に事実が語られているかどうかしばしば疑問を抱かざるを得なかったはずだと私は確信している。つまり、君は私の子供時代の思い出を少し異常だと思ったのではないか。

その場合、君の判断は正常なので私はとても嬉しく思う。それは私の心からの賞賛に値する。私の子供時代が異常な性質を持っていたからこそ、それを書き留めておこうという考えが私に浮かんだと君に言っておこう。もし私の子供時代に何も異常な点がなければ、私はわざわざそれを伝えようとしただろうか。

［私と境遇の］似た子供たちはアルプス山脈の向こう側［スイスやフランス］には存在しない。だからこそ君は私の言うことをなかなか信じられないのだと私は考えている。では私はどうすればよいのか。君は疑念を抱いているのではないか。では疑念には根拠など無いと君は確かめたいだろうか。もし君が確かめたければ、ヴァラーノ・ド・メレガーリに行き、二五年前に住んでいた者たち——その中には主任司祭も含まれる——に当時、物乞いをする盲人を案内していた子供——自分たちが除け者にしていた子供——を覚えているかどうか聞いてみることをお勧めする。

ロンブローゾ氏の理論は誤っているとはいえ、私は彼に心から感謝を捧げられる機会を得て嬉しく思う。

私の裁判がおこなわれた日、私の弁護士は『ルヴュ・デ・ルヴュ誌』に掲載された論文［ロンブローゾが一八九八年一一月一日付で「ルキーニの犯罪」と題して発表した論文］——ニカシが私を物乞いに行かせたと説明している論文――を読み上げた。その論文にはチェーザレ・ロンブローゾ教授の署名があった。

彼はあの村から私に関する情報を取り寄せたばかりか、彼自身の理論の根拠を弱めるような事実を伝えてくれるほど善意に溢れた人物である［皮肉混じりの表現である。生得的犯罪者説が正しければ、ある人物が犯罪者になるかどうかは生育環境に左右されないはずである。それにもかかわらず、ロンブローゾはルキーニの成育環境について言及している。それは生得的犯罪者説を自ら否定することになっているとルキーニは指摘している。ただロンブローゾは環境因子を完全に排除しているわけではない］。したがって、私は心からの感謝の念を彼に捧げたい。なぜなら彼は私に有利になることをわざわざ言ってくれた唯一の人物であり、しかも祖国［イタリア］の栄光にまったく貢献しないにもかかわらず、外国の雑誌［フランスの『ルヴュ・デ・ルヴュ誌』のこと］でそれを述べてくれたからである。

そして、孤児院長が私に関することで犯した怠慢をもし認識できていれば、きっと彼はそのことも公表してくれていたはずだと私は確信している。

＊

こうして子供時代をまとめておくことはきっと有用なことだと私は気づいた。君がそれを忘れることがないように私は願っている。というのも、読者よ、あらゆる子供たちが受けた教訓を活かせるようにしてほしいからだ。

孤児院を出た後、私［三人称で書かれているが、わかりにくいので一人称に改めて訳出している。以下も同じである」の子供時代が不幸の連続であり――しかも一つ一つの不幸が先の不幸よりもさらにひどいものであった――、私が［誰かを］愛したいという欲求を満たせなかったことを君は読んだ。私の愛をいったい誰が受け入れてくれただろうか。

あらゆる子供が享受する平凡な喜びや楽しみを私は奪われていた。子供時代において私は同年代の子供たちとの友愛、仲間意識、交友関係なども享受できなかった。教育、忠告、慰め、そして同情などを私は奪われていた。それらはすべて［一人前の］人間として他者と接し、［一人前の］人間として同等の責務を果たして人生を過ごせるように子供を薫陶《くんとう》するうえで必要不可欠なものであるように思う。

それにもかかわらず、どれほど強い忍耐力で私が与えられた過酷な運命を甘受してきたのか、どれほど強い精神力で私が卑賤《ひせん》な仕事や自分に課された骨の折れる労働をやり遂げたのか君は見てきたはずだ。

つまり、私が本当に賢く、善良かつ従順な子供であったと君は納得せざるを得ないだろう。それに［子供時代の］私には後に犯罪者になりそうな徴候は何もなかったと君は納得せざるを得ないだろう。ほかのあらゆる人間と同じく私にも自然によって優れた資質が与えられていたのではないだろうか。しかし、どうすれば悲惨な境遇（その境遇は自然状態や社会の最下層民として享受できるはずの境遇よりも劣った境遇である。私が持つべきものを誰が奪ったのか……。私は誰とも契約を結んでいないというのに……［社会契約について言及している。すなわち、人間は自然状態から脱却するために合意に基づき権利の一部を社会や国家に委託する契約を結ぶ。ルキーニは、そのような契約を正当に結んだ覚えはないと主張している〕）の中で優れた資質を維持できるだろうか。優れた性質を持った者がそうした悲惨な境遇の中に置かれれば、その者は知的能力〔人生の進路において正しく判断を下して誠実に生計を立てる能力〕を失わずにいられるのだろうか。したがって、優れた性質が付与された後に変化してしまったのは自然のせいではないし、まして私のせいではない。

社会に欠陥があるという私の意見にどうか賛同してほしい。そして、自らの所業を償っていないことを恥じずにいる社会に恥を知れと言うように……。

＊

ニカシ家の者たちについて、そして私が最後に彼らを見た時の状況についてもう少し話しておきたい。

結婚して二年後、不幸にもニカシの娘は未亡人になり、二人の子供が遺された。彼女は子供を育てられそうになかった。二人の息子とともに彼女はどうすれば暮らしていけるのか。もしニカシ夫妻が幼い子供たちをそれほど家に置きたければ、娘が孤児院に連れて行こうとしている孫たちをどうして引き取ろうとしなかったのか。

ニカシ老夫妻は、その二人の孫を家に引き取っても養育費を受け取れないとわかっていた。だからこそ、夫の死から数日後、ニカシの娘は二人の子供を孤児院に連れて行った（コステレッティ〔正確にはカヴァッリ〕は父親の姓である。孤児院はその姓で二人の子供を登録した）。

この哀れな孤児たちが幸運にも一八歳の終わりまで孤児院で過ごせたはずだと私はいつも願ってい

る。

結婚から四年が経ち、マッチを売っていたニカシの息子には四人の娘が誕生していた。

さてあばら家に住むこの家族の構成員を数えると、ニカシ老夫妻、ニカシの息子、ニカシの息子の妻と四人の娘で八人になるはずだ。しかし、八人ではなく九人であった。もう一人は誰か。ニカシの娘か。違う。違う。仕立屋［ニカシによって孤児院から引き取られて仕立屋になった少年のこと］か。違う。では私か。違う。それでは九人目はいったい誰だったのか。

ところで私は現実と比較すると、小説家たち——私の言う小説家とは社会の裏側を**赤裸々**《せきらら》に描き出す仕事を担っている者たちのことである——の想像力がとても貧弱であると思っている。

捨て子を描くことで大衆を**感動させようと**試みる幼稚な創作について私は何も言いたくない。というのも、そのような題材を扱う際に小説家たちが想像力を駆使しても児戯に類するものしか作り出せないことを誰もが知っているからだ。小説家たちはあらゆる子供たちをその両親、それも上流階級に属する両親の腕の中に導くように工夫しているのではないだろうか。

そうした小説を読む者たちは作家たちが捨て子に与えた結末をきっと羨むに違いないと私は思っている。したがって、もし作家たちの目的が恵まれない人びとに読者の注意を向けさせることであれば、作家たちは大きなあやまちを犯している。逆にもし作家たちが私生児を処刑場や徒刑監獄に導くように工夫しているのであれば、そこには少なくともわずかな現実が含まれている。そのほうが彼らの想像力をより有効に活用できるだろう。

ここではニカシ家の九人目の構成員が誰なのか推察することが目的であって、小説を批評することは目的ではない。読者よ、もし私が君の手助けをしなければ、君が無駄に正解を探すことになるのではないかと心配している。

君が洞察力に欠けていると私が責めていると思わないでほしい。とはいえ、君はニカシ家の者たちや未亡人の息子たちの末路がどうなったか知っているはずだ。それに幸運なことに君は同じようなことが起こり得ない国に住んでいる。だからといって、これから私が君に話すことを嘘だと思わないでほしい。

襤褸布の山の上に私が座っていると、四人の少女に交じって一人の白癬《はくせん》に覆われた子供が見えた。この子供は三歳であり、パルマの孤児院……に属していた。

この不運な子供はどのようにして悲惨な家族の一員になったのか。この子供は生後二カ月で孤児院から引き取られた。この村のある女は生まれたばかりの子供を亡くした。その結果、乳が余った。また貧しさから女はこの子供を養育するために引き取った。女は子供が二歳の誕生日を迎えたら孤児院に返すつもりであった［二歳未満の幼児を引き取ると孤児院から多額の養育費を受け取れたが、二歳以上になると養育費が減額されるからである］。

しかし、女と仲の良かったニカシ婆さんは契約を結んで子供を引き取ることに成功した。

「今、子供は二歳だ。孤児院は三歳の終わりまで月一〇フランを支払うはずだよ。とりあえず一二カ月間だけ私が子供を預かるとしよう。それで私は月に一〇フランもらう代わりに八フランで我慢する。残りの二フランはあんたの分だ」

（この子供が三歳の終わりを迎えて孤児院に戻されたのか、それともニカシ夫妻が**養育する**ためにそ

のまま家で預かっていたのか私にはわからない）
女がニカシの妻に渡した子供がいたので［家族の数が］八人ではなく九人になっていた。
偉大なるヴァンサン［一七世紀フランスで活躍した聖職者、捨て子の救済を推進したことで知られている］の魂よ、頭《こうべ》を垂れ、烙印を受けよ。寛容な心を持つ汝《なんじ》が主《しゅ》と呼んだ者に対して不服従の罪を犯した罰として。主は幼い子供たちを主のもとに来させるように汝に命じたのではないか。それなのにどうして汝はそれを妨げたのか［「マルコによる福音書」一〇章一四節および「ルカによる福音書」一八章一六節にあるイエスの言葉がもとになっている］。まだ生きている頃に汝は幼い子供たちがどのような運命をたどり始めたのか見ていなかったのか。幼い子供たちは成長した。だからガレー船を訪れた時に汝は彼らのことが誰かわからなかった［ガレー船は子供たちが成長後に漕役刑《そうえきけい》を科されたことを示している］。貧しい子供たちを中途半端に救済するくらいなら主のもと、すなわち天国に行かせたほうがましだとルキーニは主張している。ルキーニから見ると、ヴァンサンは貧しい子供たちを救済することで天国に行くことを妨げているので不服従の罪を犯したことになる］。
ああ、社会よ、おまえが作り出した偽りの神を崇拝するのによりふさわしい存在になりたければ、おまえの望みどおりに私生児を幼い頃に殺してしまうことを認めるがよかろう。汝に仕える者たちは別の方法で成功を収められなかったのだろうか……。

＊

第一部の終わり。

第2章

その後のルキーニ

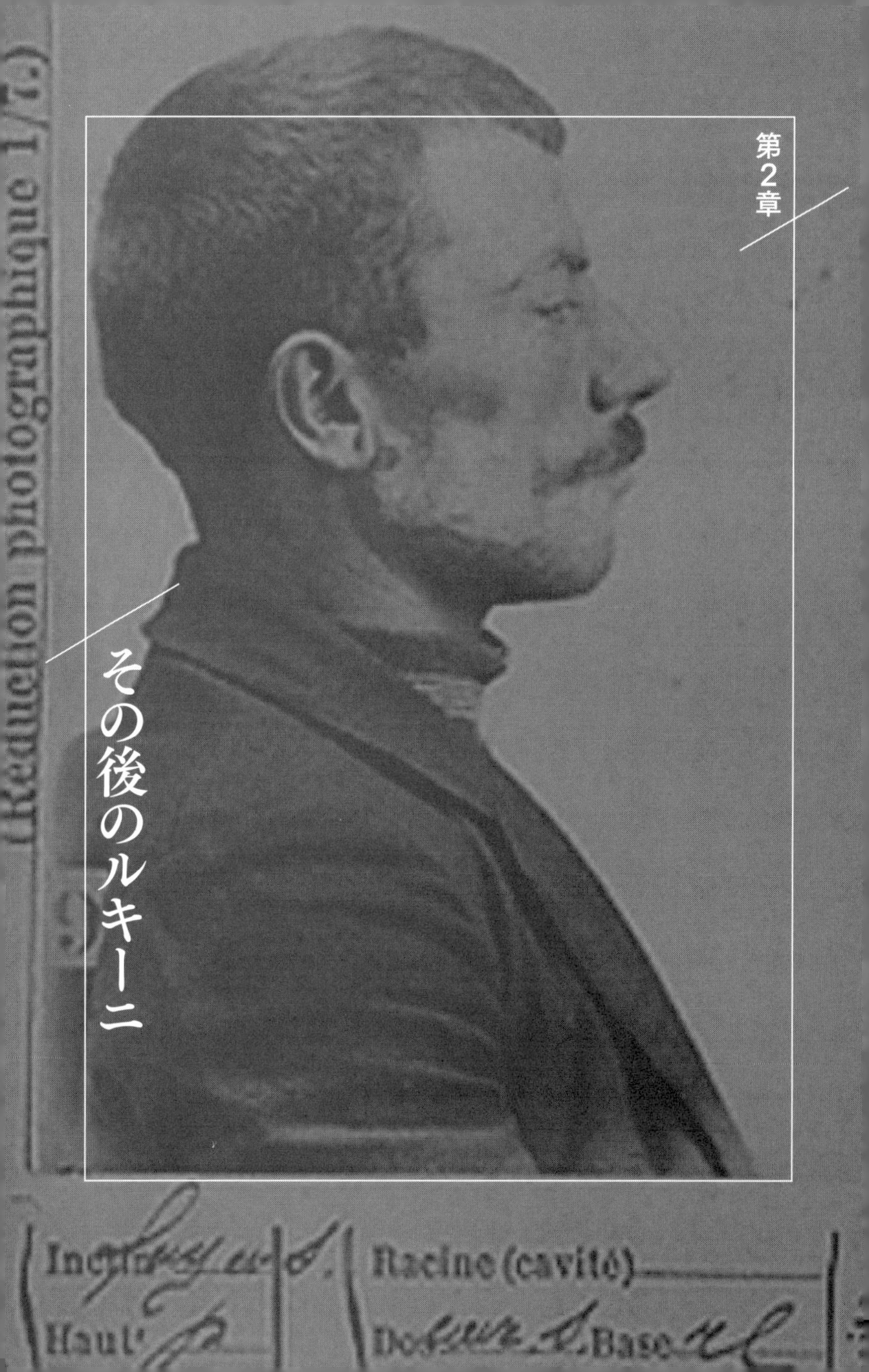

遍歴

『回顧録』はルキーニが一四歳になる一カ月前、すなわち一八八七年三月頃で終わっている。ルキーニが生き長らえていれば、きっとその続きを書いていただろう。代わりに訳者がさまざまな記録や資料からその後のルキーニについてまとめておく。訳者による解説でも述べたが、ルキーニ本人の言葉と当局の調査が食い違っている場合があることに注意してほしい。

ニカシ家を離れたルキーニがまず向かった先はジェノヴァであった。ルキーニは石工のもとで働き始めた。カフェで時間をつぶす代わりに新聞を端から端まで読んでいた。後に暗殺事件の関係者として勾留されたイタリア人はルキーニについて「彼はいつも何か読んでいた。手に入るものであれば何でも。特に新聞を」と証言している。昼に三〇〇ミリリットル、夜に二〇〇ミリリットルのワインを飲んでいた。日曜日にはアブサンも飲んでいたという。

一六歳の頃、ルキーニはパルマから西海岸のラ・スペツィアに至る鉄道路線であるパルマ－ラ・スペツィア線の資材置き場で働いた。資材置き場で働いていた期間はそれほど長くなかったようだ。どうやら待遇に不満であったらしい。一八八九年秋、ルキーニはジェノヴァに再び出た。今回、ジェノヴァで得た仕事は港での日雇い労働であった。冬の間ずっと港で働いたルキーニは春になるとより良い仕事を求めて、そして「新しい事物を見る」ためにスイスを目指した。ルキーニには強い放浪癖があった。

ルキーニが落ち着いた先はスイス南部にあるティチーノ州であった。それから二年間、ルキーニはティチーノ州各地の建設現場で働いた。さらにルキーニはアルプス山脈を越えてレマン湖のほとりにあるヴェルソワに移った。そこでも建設現場で働いた。ヴェルソワでの滞在は一〇カ月に及んだ。その後、キアッソ、アイロロ、シュタンス、ルツェルン、チューリヒ、ベリンツォナなどスイス各地で働いた後、ルキーニはウィーンを経てブダペストに流れ着いた。一八九四年のことである。

ルキーニがブダペストに滞在したのはわずか数日であった。すぐに仕事が見つからなかったからである。それからルキーニはハンガリーの奥地に向かった。旅は四五日も続いた。建設現場で働いた後、鉄道でブダペストに戻った。結局、六カ月ほどハンガリーに滞在したが良い仕事は見つからなかった。この頃、成人を迎えたルキーニの身長は一六三センチメートルに達していた。非常に頑健にして病気知らずであり、労働者によく見られる特徴として頸部がよく発達していたという。

一八九四年七月一〇日午後八時、漂泊の旅をやめて安定した生業に就こうと決意したルキーニはブダペストの司法当局に出頭した。ルキーニの手にはブダペストのイタリア領事館によって発行された文書が握られていた。文書にはルキーニをイタリアに送還するように求める旨が記されていた。それはルキーニ自身が望んだことであった。留置所で一夜を過ごした後、ルキーニはフィウメ［現リエカ、クロアチア北部にある町、当時はオーストリア＝ハンガリー領］に送り出された。

フィウメのイタリア領事館に到着したルキーニは、兵役を務めるためにイタリアに送還してほしいと求めた。しかし、イタリア領事館はルキーニの要望を謝絶した。翌日、領事館を再訪したルキーニは自力でイタリアに戻るので兵役に就かせてほしいと願い出た。するとルキーニは浮浪罪で逮捕され、四日間にわたって収監された。

フィウメから追放されたルキーニはトリエステ［現イタリア北東部にある町、当時はオーストリア－ハンガリー領］のイタリア領事館で同じくイタリアへの送還を求めた。トリエステのイタリア領事館はルキーニを徴兵忌避者として五日間にわたって収監した後にイタリアに送還した。当時のイタリアには徴兵制が存在していて兵役を逃れようとする者は処罰された。

一八九四年七月二三日、ルキーニの身柄はイタリア当局に引き渡された。ルキーニはまずイタリア北東部にあるウディネで二六日間収監された後、イタリア北部のヴェネツィアとボローニャに移送された。最後にたどり着いたパルマでルキーニに与えられた選択肢はこのままずっと収監されるか兵役に就くかであった。ルキーニは兵役を選択した。

兵役

一八九四年一二月九日、ルキーニはナポリに駐屯するモンフェラート第一三騎兵連隊に入隊した。兵籍の登録番号は六一四、同連隊第三騎兵中隊所属の大太鼓演奏手である。

一八九五年、イタリアとエチオピアの間で第一次エチオピア戦争が勃発したものの、ルキーニはすぐに戦地に赴いたわけではない。同年三月二一日にルキーニはニカシ家の長兄エンリコに送った手紙で軍隊生活について綴っている。

今、私が送っている生活、つまり軍隊生活について伝えようと思います。日課は朝五時に馬のための清掃に行くところから始まります。八時から一〇時まで馬に乗ります。それから糧食を受け取りに行って一時間の休憩を取ります。続いてフェンシング場に行ってサーベルの指導を受けます。それから跳馬です。つまり、［木］馬に接触することなく左右に飛び越えます。またほぼいつも閲兵があります。要するに私はこのような生活をこれまでに思い浮かべたことすらありませんでした。

一八九六年二月二七日、ルキーニはマッサワ［現エリトリア中部の紅海沿岸にある町］に出征する軍団に加わって地中海と紅海を渡った。当初、ルキーニは出征部隊に含まれていなかった。そこでルキーニは連隊長のもとに自ら赴いて出征部隊に加えてほしいと志願した。しかし、定員はすでに満たされていた。するとルキーニは自分と代わってくれる者を見つけ出して出征部隊に加わったという。しかし、ルキーニが加わった軍団が目的地に到着する前にイタリア軍は一八九六年三月一日にエチオピア北部のアドワでエチオピア軍に敗北した。その結果、騎兵連隊はほとんど戦うことなく同年七月二二日にイタリアに帰還した。

八月三〇日、ルキーニは伍長に昇進したが、一〇月九日に軽微な違反を犯したせいで一兵卒に降格された。拘禁されていた軍曹に私服を貸して軍営から抜け出す手助けをしたことが違反と見なされた。それにもかかわらず、ルキーニは一〇月二二日にアフリカ戦線への従軍を記念する勲章を授与されている。

やがてルキーニの兵役期間は終わりを迎えようとしていた。本人談によると、ルキーニが初めて女を知ったのは兵役期間が終わる三カ月前のことであった。ルキーニ本人の説明によると、真性包茎のせいで性的関係を持つことが困難であったので軍医による処置を受けたという。それから収監されるまでに女と肉体関係を持ったのは四回である。そのうち一回は暗殺事件を起こす前日のことであったという。ルキーニが娼婦のもとに通っていたという証言もある。

軽微な違反で処罰されたとはいえ、ルキーニは軍隊生活に満足していた。軍隊生活は厳しかったものの、それに見合う公正な処遇を受けられたからである。それに靴磨きや銃の手入れなどを請け負うことでお金を貯めることもできた。

中隊長を務めていたラニエリ・デ・ヴェラ・ダラゴナ公によると、ルキーニは一八九六年一二月一日から一八九七年一〇月三日まで指揮下にあったという。ダラゴナ公は配下のルキーニを「中隊の中で最高の兵士の一人」だと評価している。さらにダラゴナ公は以下のように評価を続けている。

彼は常に規律正しく、与えられた命令を良心的に実行した。優れた馬術と巧みな身のこなし、そしてその機敏さと命令への絶対服従のおかげで斥候《せっこう》任務を割り当てられていた。また彼は仲間の兵士たちから愛されていた。彼はいつも上機嫌であった。

また、ルキーニは読書好きであり、スウェーデンの探検家サロモン・アウグスト・アンドレーの気球による北極点到達計画に関する書籍やドレフュス事件に関する書籍を持っていたという。ドレフュス事件とは一八九四年にフランスでユダヤ系大尉アルフレド・ドレフュスが機密漏洩の嫌疑で終身禁固刑を科された冤罪事件で、反ユダヤ主義とからんで国内外に多大な影響をもたらした。

ただルキーニの希望は除隊を間近に控えて失望に変わる。退役兵が政府の官職に応募できることを知ったルキーニは監獄の看守職に就きたいという要望を提出した。要望を何度も送ったにもかかわらず、イタリア政府からの返答は何もなかった。ルキーニからすれば、それはイタリア政府による忘恩にほかならなかった。後に獄中を訪問した者がこの出来事について触れた時、それまで穏やかに話していたルキーニが極度の興奮を示したという。

無政府主義の洗礼

一八九七年一二月一五日に除隊したルキーニはダラゴナ公に助けを求めた。ダラゴナ公はルキーニを従僕としてすぐに雇い入れた。しかし、給金は少なく、待遇もあまり良くなかった。最初の二カ月間はナポリで働き、残りの期間はシチリア島北部にある港町パレルモで働いた。働き始めてから三カ月が経った頃、ルキーニは給金の増額と待遇の改善をダラゴナ公に求めた。ダラゴナ公はルキーニを不従順のかどで責め、要求を峻拒《しゅんきょ》した。

ルキーニは従僕をやめることを決意した。従僕の仕事は安定していたが、金のスプーンや骨董品を磨くような仕事はルキーニに向いていなかった。一八九八年三月三一日夕刻、俸給を受け取ったルキーニは期待に応えられそうにないと主人に告げた。ダラゴナ公はルキーニの態度に激怒した。路頭に迷いかねなかったところを拾われた恩があるのにルキーニがそれに報いようとしなかったからである。

翌朝、ルキーニは前日の言葉を後悔しているので引き続き従僕として働きたいとダラゴナ公に言った。ダラゴナ公はルキーニの要望を拒絶した。さらにルキーニは次の仕事を見つけるために推薦状を書いてほしいと言った。ダラゴナ公はそれも拒絶した。四月二日、ルキーニはパレルモから汽船に乗ってジェノヴァに向かった。

ジェノヴァで見つけた仕事に満足できなかったルキーニはイタリア北西部のフランス国境沿いにあるヴェンティミーリアとモナコの北東部に位置するモンテ・カルロを経てイタリア北西部にあるトリノに移った。お金が無かったので汽車に乗れず、徒歩の旅であった。ルキーニの足跡を追ってみると、確たる目的があるようには見えず、落ち着ける先を探す放浪の旅であったように思える。

一八九八年四月、イタリア北西部とスイス南部の国境地帯にあるグラン・サン・ベルナール峠に立ったルキーニは緑がかった灰色の瞳でイタリアの地を見下ろしながら「無政府主義、万歳」と手帳に書き込んだ。さらに続けて「イタリアで受けた仕打ちに憤慨した私はスキピオ・アフリカヌスが『忘恩の祖国よ』と叫んだのと同じ方法で復讐することにした」という言葉が綴られた。

スキピオ・アフリカヌスと同じ方法で復讐するとはどういう意味か。スキピオ・アフリカヌスは強敵カルタゴの名将ハンニバルを打ち破り古代ローマの危機を救った英雄として知られるが、晩年は政争に破れて一線から退いて隠棲した。その墓碑には「忘恩の祖国よ、汝は我が骨をまったく持つことはない」と刻まれていたという。つまり、ルキーニはイタリアに永久に帰らないという決意を述べている。こうしてルキーニは恩知らずの祖国を捨てることにした。ルキーニの向かった先はスイス西部レマン湖の北岸にあるローザンヌであった。

グラン・サン・ベルナール峠を越えたルキーニはローヌ渓谷を抜けた。その途中、ルキーニはスイス南東部にあるサルヴァンで四月二五日から五月一五日まで左官として働いた。ルキーニを雇った男によると、寡黙で少し陰気だがいつも穏やかで事件を起こすような危険人物にはまったく見えなかったという。

ローザンヌにルキーニが到着したのは一八九八年五月二〇日のことであった。ローザンヌでは新しい郵便局の建設工事が中心部のサン＝フランソワ広場前で進んでいて、イタリア人労働者の需要があった。その当時、イタリア人はスイス各地で最も過酷かつ低賃金の仕事を担っていた。ルキーニもそうしたイタリア人労働者の一人として働いた。ルキーニが泊まっていた下宿屋には多くのイタリア人労働者がいた。ルキーニはナポリ民謡の『オー・ソレ・ミオ』を陽気に歌ってみせたので「ナポリ人」という愛称で呼ばれていたという。

後のジュネーヴ当局の捜査によると、ルキーニが現場で働いていたのは八月七日から一三日までである。一三日に左手を怪我してから二週間にわたって傷害保険から給付金を受け取っていた。

その一方、ルキーニはダラゴナ公に謝罪と復職を希望する旨を手紙で伝えたが、旧主の怒りは解けなかった。そこでルキーニはダラゴナ公夫人宛てに和解の仲介を求める手紙を送った。公夫人は、ダラゴナ家の子供たちに温かく接していたルキーニに好意的であった。また遠乗りを好んだ公夫人はしばしばルキーニを同行させ、馬の世話を任せていた。

いつからルキーニが無政府主義者と接触を持つようになったかは定かではない。少なくとも兵役に就いていた頃に無政府主義者と接触を持った形跡は認められない。はっきりとした形跡が認められるのはルキーニがローザンヌで働き始めてからである。六月に無政府主義の集会がローザンヌで開かれた。集会に出席したルキーニは深い感銘を受けたようだ。下宿屋では饒舌《じょうぜつ》なルキーニがいつもとは打って変わって静かに考え込んでいたという。

一九世紀半ば以降、ヨーロッパ各地に広まっていた無政府主義は明確に識別できる運動になっていた。それは有産階級の搾取と政府の抑圧に隷属させられた人びとの解放を目指す運動であった。さらに無政府主義者たちは、そうした搾取と抑圧の構造が専制君主制だけではなく共和制でも維持されていると糾弾した。彼らの思想的原理を実現するための手段は革命であった。先鋭化した無政府主義者たちの中には実力行使を厭《いと》わない者も現れた。

有産階級の搾取と政府の抑圧を打破し、支配する者も支配される者も存在しない完全な公正と自由に基づく新しい社会を樹立するという無政府主義の理念にルキーニはたちまち心を奪われた。無政府主義者たちは従僕として貴族の下で働いていたルキーニを嘲笑した。彼らからすれば、有産階級に隷従したり、温情を求めたりすることは愚行でしかなかった。有産階級の搾取に対抗するために実力行使も厭わない。そうした過激な思想にルキーニは徐々に染められていった。

一八九〇年代は各国の要人を狙った惨劇が吹き荒れた時代であった。爆弾や銃、ナイフといった凶器を使ったテロ行為がヨーロッパ各地で起きていた。それは先鋭化した無政府主義者たちにとって英雄的な行為であった。ルキーニは自分も無政府主義に身を捧げたいという英雄願望に取り憑かれた。ルキーニは次のように述べている。

そろそろ始めるべき時だ。銃を手に取って犯罪を遂行しよう。イタリアであろうとアメリカであろうとどこであろうと、仕事に就いているのにまともに仕事をしない怠け者、統治しているのにまともに統治していない者がいれば襲おう。誰かが始めなければならない。それなら私が始めよう。

後に獄中のルキーニと面談した者は「なぜ君が始めようとしたのか」と聞いた。するとルキーニは「私はほかの誰よりも不公正に扱われたからだ」と答えたという。それは異国の地において過酷な環境で働く労働者たちの誰もが抱いていた感情であった。既存の支配体制を破壊せよと訴える無政府主義はそうした労働者たちにとって解放の福音であった。ルキーニだけが特別であったわけではない。誰もがルキーニと同じような存在になり得た。

八月、公夫人からの返信が届いた。手紙によると、ダラゴナ公はルキーニと関わり合いを持ちたくないと断言したという。それはルキーニが昔の同僚であった兵士たちに無政府主義を説く手紙を送ったことが原因であった。もはやダラゴナ公のもとで再び働く望みは完全に絶たれた。

標的

八月一六日、公園のベンチに座っていたルキーニは警官の職務質問を受けて手帳を押収された。それは「無政府主義の賛歌集」と呼ばれる約六〇頁の手帳である。表紙には以下のように書かれていた。

イタリアのパルマのルイ・ルキーニによる革命的無政府主義の賛歌集。無政府主義者カゼリオの仲間たちに万歳。目覚めていない人民に対する責務のために死んだラヴァショル、アンリ、ヴァイヤン、アンジョリッロ、アッチャリト、エティエヴァンの仇を討とう。無政府主義、万歳。

この表紙の署名はフランス語の発音表記に合わせて Louis Louqueni という綴りになっている。署名の後にルキーニが名前を挙げている人物はいずれも無政府主義者や暗殺犯である。サンテ・ジェロニモ・カゼリオは一八九四年にフランス大統領を暗殺したイタリア人の無政府主義者である。続いてラヴァショル、すなわちフランソワ・ケーニヒシュタインはフランス各地で爆破事件を起こし、一八九二年にギロチンで処刑された。エミール・アンリは後述のヴァイヤンの死刑判決に抗議して爆破事件を起こし、一八九四年にギロチンで処刑された。オーギュスト・ヴァイヤンはフランス議会を襲撃した罪で一八九四年に死刑になった。ヴァイヤンに恩赦が与えられなかったことが引き金となって先述のカゼリオによるフランス大統領暗殺事件が起きた。ミケーレ・アンジョリッロは一八九七年にスペイン首相を暗殺した罪で処刑されたイタリア人の無政府主義者である。ピエトロ・ウンベルト・アッチャリトはイタリア国王ウンベルト一世の暗殺をローマで企てたが失敗して無期懲役刑を科された。そしてジョルジュ・エティエヴァンは無政府主義の思想を広める著作の出版や警官に対する傷害などで死刑判決を受けたが、重労働刑に減刑になった。

表紙に続いてこの手帳には「サンテ・カゼリオ」と題した賛歌を皮切りに全部で二〇に及ぶ賛歌が五八頁にわたって筆写されている。

実はルキーニが職務質問を受けたのは偶然ではなく、危険な無政府主義者がいるという密告によるものであった。ルキーニは警察署まで連行されたものの、すぐに解放された。手帳の内容は密告を裏付けているように思えたが、犯罪を何も立証できなかったからである。

暗殺の実行を検討し始めたルキーニは凶器の準備に取り掛かった。まず石版師のジノ・ポズィオから銃を借りようとしたが断られた。そこでルキーニはポズィオとともに短剣を購入しにスイス西部レマン湖北岸にあるヴヴェイまで行った。鋭利な短剣が一〇フランで売られていたが、ルキーニのポケットには七フランしか入っていなかった。仕方なくルキーニはローザンヌの市場に行き、四スーで売られていた錆びた鉄製のやすりを購入した。ルキーニがやすりを研磨し、工芸家具職人のベニト・マルティネッリが柄《え》をつけた。このようにして凶器は準備された。

凶器を誰に向けるのか。それはまだ決まっていなかった。ルキーニの脳裏にまず浮かんだのはイタリア国王であった。これまでイタリア国王は二度にわたって暗殺者に狙われたが、いずれも失敗に終わっていた。ルキーニは自分が未完の仕事を遂行しようと考えたが、ローマまで行く旅費がなかったので断念せざるを得なかった。

九月五日朝、ジュネーヴにアンリ・ドルレアンが滞在していることを新聞で知ったルキーニはローザンヌを出た。アンリ＝フィリップ＝マリー・ドルレアンは一八三〇年に七月王政を樹立したオルレアン家のルイ＝フィリップの曽孫に当たる。ジュネーヴに到着したルキーニはアンリ・ドルレアンの不在を知った。ただアンリ・ドルレアンが翌日の夕刻にジュネーヴに帰還する予定であることがわかった。そこでルキーニは船着き場でアンリ・ドルレアンを待ち構えていた。しかし、アンリ・ドルレアンは姿を現さなかった。

アンリ・ドルレアンが当初の標的であったという話はルキーニ自身の供述による。実のところ、アンリ・ドルレアンのジュネーヴ来訪を新聞が報じたのは八月中のことであり、九月に入る前にアンリ・ドルレアンはすでにジュネーヴを離れていた。おそらくルキーニはアンリ・ドルレアンの動向について間違った情報を得ていたか、もしくは何か誤解していたと考えられる。

九月七日、ルキーニはアンリ・ドルレアンを追い求めてフランス東部レマン湖の南岸にあるエヴィアン＝レ＝バンに向かった。地元の新聞に目を通したが、アンリ・ドルレアンの名前はなかった。そこでルキーニは九月八日朝にジュネーヴに戻った。アンフェル通りの下宿屋に落ち着いたルキーニは公夫人に宛てた絵葉書を書いた。くしくも絵葉書には暗殺事件の舞台となるモン＝ブラン湖岸通り［モン＝ブラン橋からまっすぐ続くモン＝ブラン通りと区別するために「湖岸通り」と訳出した］が写っていた。

なぜ私はパリに行かなかったのか。その理由を説明することはできません。フランスの首都への切符をすでにポケットに入れていたにもかかわらず、キュロズ［フランス東部にある町、ジュネーヴの南方にあり、パリに向かう鉄道が通っている］で引き返すことを余儀なくされたとだけ言っておきます。次に送る手紙でその理由を伝えるつもりです。私は元気です。あなたとご家族も同じく元気であるように願っています。お返事は期待していません。［九月一〇日］土曜日にジュネーヴを発つ予定です。

同日夜、ルキーニは路上でジュゼッペ・アントニオ・デッリ・アビス・デッラ・クララという男と偶然再会した。クララとルキーニの縁は騎兵連隊で兵役に就いていた頃にさかのぼる。退役後、クララは運送業者の馬を世話する仕事に就いていた。

どのような手段を使ったかは不明だが、クララはエリザベートの到着に関する情報を逸早く入手していた。「オーストリア皇妃がやって来るそうだ。その人ならきっと暗殺できる」というクララの言葉がルキーニの心を捉えた。クララはなぜそんなことを言ったのか。絶世の美女と謳われ、シシィの愛称で親しまれたエリザベートであったが、伝統と格式を誇る厳格な宮廷での生活や姑である皇太后との軋轢に苦しみ、息子である皇太子の自殺もあいまって、晩年は療養と称して長らく公務を離れ、ほとんど人前に出ることもなく旅に明け暮れる流浪の日々を送っていた。古い貴族の血を引くクララはハプスブルク家を強く尊崇するあまり、こうしたエリザベートの行状が帝国の皇妃としてふさわしくないと思っていたからだ。

クララの言葉によってルキーニが皇妃暗殺を決意したという話は、二〇〇三年にスイスの文芸誌『チェノビオ』に掲載された「シシィ暗殺の委託者」という記事に基づいている。クララの曽孫である記事の執筆者は、クララが一九五六年に語ったという話を父親から聞いたという。

ただルキーニは九月八日以前から皇妃の暗殺を決意していたと考えられる。ジュネーヴ当局の捜査によると、八月下旬からトノン-レ-バンで無政府主義者の集会が何度か開かれた。最初の集会で襲撃の標的としてアンリ・ドルレアンの名前が挙がっていたが、九月六日に開かれた集会で皇妃の暗殺が決定されたという。その時、トノン-レ-バン近郊に滞在している有名な王侯貴族は皇妃しかいなかった。ルキーニはその集会に参加したと自供していないが、シャルル・ウェルティという船員がトノン-レ-バンに向かう汽船に乗っていたルキーニを同日に目撃したと証言している。

九月九日、ルキーニはモン-ブラン湖岸通りと船着き場周辺を入念に下見した。それからルキーニは皇妃と侍女のスターライ伯爵夫人を尾行していたという。午後四時頃にオテル・ボ-リヴァジュ付近でルキーニを目撃したという証言が残されている。またブランズウィック霊廟で作業をしていた庭師は、午後六時半頃にオテル・ボ-リヴァジュを出た皇妃と侍女をルキーニらしき男が尾行しているのを見たと証言している。

それでは皇妃と侍女はどのような行動を取っていたのか。同日午後一時、皇妃はモン-ブラン湖岸通りにある船着き場で下船すると、すぐに馬車でジュネーヴ北郊のプレニに向かった。そこには友人のロスチャイルド男爵夫人の館があった。侍女によると、エリザベートは妹のマリーア・ソフィアからすばらしい庭園と温室があると聞き、男爵夫人の館への訪問を決めたという。男爵夫人は三時間にわたって皇妃を歓待した。

夕刻、皇妃は「ホーエンエムス伯爵夫人」という偽名でオテル・ボ－リヴァジュに入った。男爵夫人の館を出発したのは午後五時だったと侍女が述べていることから少なくともオテル・ボ－リヴァジュに入ったのは午後五時以降である。

一時間ほど休憩した後、皇妃と侍女はベル－エル広場を経てテアトル大通りまで徒歩で赴いた。徒歩での移動は珍しいことではなかった。侍女によると、晩年のエリザベートは何時間も散策していた。一日中、歩いた日でも牛乳一杯でやっていけるほどであったという。

皇妃と侍女の行き先はテアトル大通りにあるデザルノという菓子店であった。午後八時頃、二人はテラス席でアイスクリームを食べ、店主から勧められた名物のヌガー［胡桃《くるみ》やアーモンドを混ぜた飴の一種］を試食し、朝食用の焼き菓子をオテル・ボ－リヴァジュまで届けるように注文した。

菓子店を出た皇妃は侍女とともにフランソワ－ディデイ通りを経てベル－エル広場に戻り、デュニエという家具店で娘のマリー・ヴァレリーのために象嵌《ぞうがん》細工のテーブルを購入した。途中で道に迷ったせいでホテルに着いた頃には午後一〇時を回っていた。薄暗い通りを抜ける時に侍女は不安を感じたが、エリザベートはまったく気にかける様子がなかったという。

オーストリア皇妃のジュネーヴ滞在は非公式なものであったが、新聞各紙で報道されていた。九月一〇日朝の『ジュルナル・ド・ジュネーヴ紙』三面には「オーストリア皇妃陛下が随員とともにジュネーヴに到着され、オテル・ボ－リヴァジュにご宿泊」という記事が掲載されていた。また同じく『トリビュヌ・ド・ジュネーヴ紙』三面にも「ホーエンエムス伯爵夫人という偽名で旅行中のオーストリア皇妃が昨日、コー［スイス西部レマン湖東岸の急峻な高台にある村］からジュネーヴに到着され、オテル・ボ－リヴァジュにご宿泊」という記事が掲載されていた。

ルキーニはエリザベートがオテル・ボ－リヴァジュに宿泊していることを九日の新聞で知ったと供述しているが、少なくとも九日の時点で『ジュルナル・ド・ジュネーヴ紙』や『トリビュヌ・ド・ジュネーヴ紙』にそのような記事は掲載されていない。オテル・ボ－リヴァジュの経営者がエリザベートの滞在を新聞各紙に伝えたのは九月九日午後六時頃である。それは異例ではなく慣例に従った行動であった。

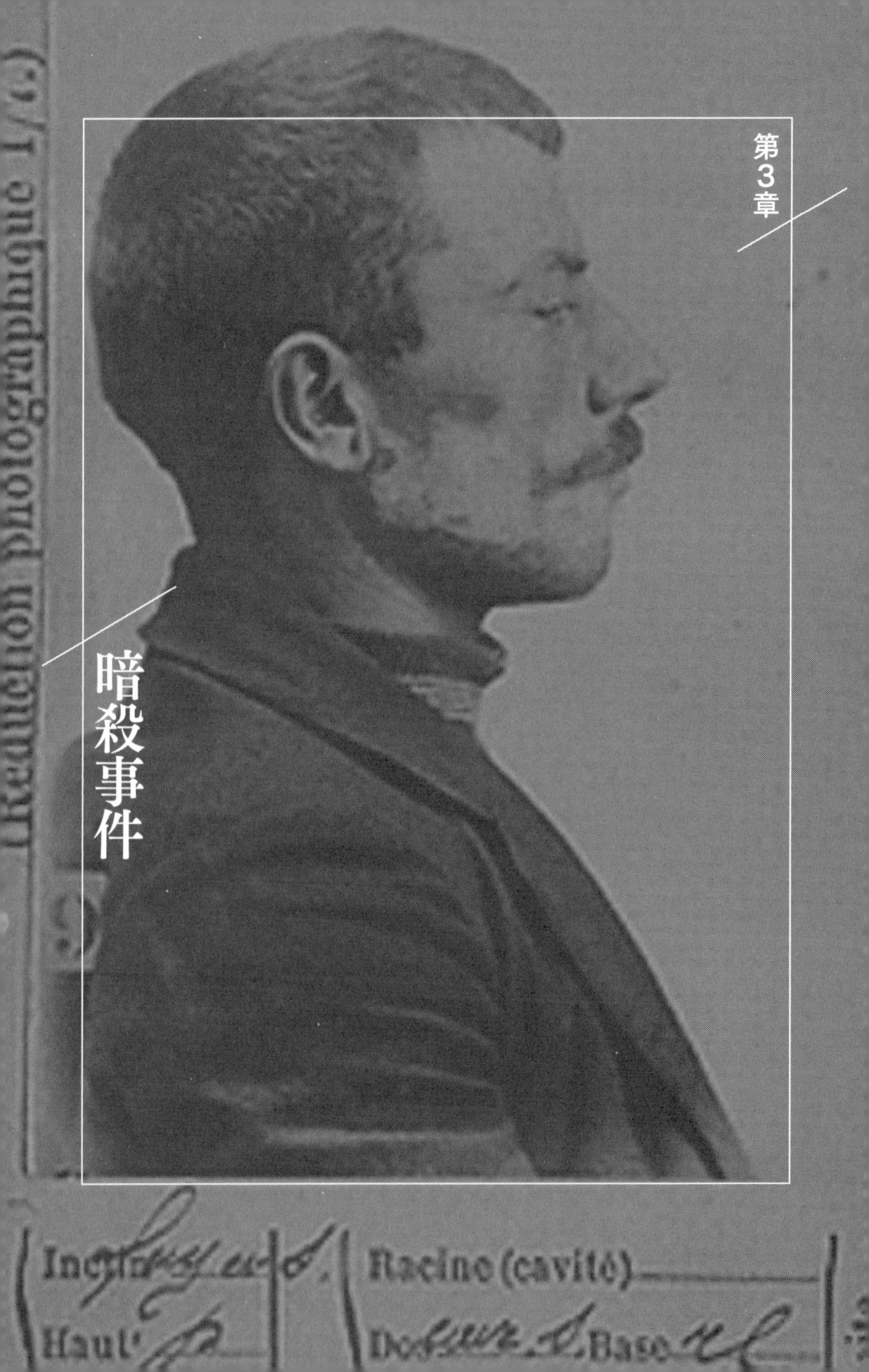

第3章 暗殺事件

事件当日

九月一〇日午前一一時頃、皇妃は侍女とともに街に出た。行き先はフランソワ‐ボニヴァル通りにあるオルケストリオンを販売している店であった。オルケストリオンとは大型の自動演奏箱である。店主はさまざま旋律をエリザベートに聞かせた。エリザベートが最も気に入ったのは、漂泊の抒情詩人タンホイザーを主題とするオペラ『タンホイザー』を奏でるオルケストリオンであった。買い物を終えた後、皇妃と侍女はホテルに戻った。

出発直前になってもエリザベートは牛乳をゆっくりと飲んでいた。侍女は「陛下、一時三〇分です。早く行かなければ遅れてしまいます」とたしなめた。それにもかかわらずエリザベートは侍女にも牛乳を飲むように勧めた。くしくもフランツ・ヨーゼフ一世が同日にシェーンブルン宮殿で書いていた手紙には前日に飲んだ「おいしい牛乳」について記されていた。

午後一時三五分、皇妃と侍女がホテルから再び姿を現した。今度は一時四〇分発のコー行きの汽船に乗るための外出であった。エリザベートは先に滞在していたコーに戻って休養する予定であった。余計な騒ぎを避けたいというエリザベートの意向に従って、侍女と一人の従僕を除く一〇人の供の者たちはジュネーヴをすでに発っていた。またエリザベートがジュネーヴ当局による警官の配置を断っていたために周囲に警備の者は誰もいなかった。

湖沿いの舗装された歩道は夏の日射しで熱くなっていた。ブランズウィック霊廟の前を通りかかった時、エリザベートは子供のように無邪気に二本の木を指すと「見て、イルマ、マロニエの花が咲いているわ。シェーンブルン宮殿にもあのような二度咲きのマロニエがあって『こちらでも満開だ』という手紙を皇帝陛下からいただいたばかりです」と侍女に言った。

「陛下、船が出発の合図を出しています」と侍女は注意を促した。

「ご覧なさい。間に合いそうですよ。人びとはゆっくり乗り込んでいて急いでいる様子がありませんから」とエリザベートは答えた。

その時、侍女の目にまるで誰かに追われているような男の姿が映った。男は道路の端の並木と湖岸沿いの鉄柵の間を縫うように走っていた。少し気になった侍女は男の動きを目で追った。男は鉄柵に寄ったかと思うと歩道を斜めに横切り、皇妃と侍女に向かって一気に距離を詰めた。

一瞬、身を屈《かが》めた男は固めた拳で皇妃の胸部を一突きした。まるで稲妻に打たれたかのようにエリザベートは声もなく崩れ落ちた。頭が地面にぶつかった。侍女が叫び声を上げている間に男は立ち去った。近くにいた御者がエリザベートを助け起こそうとする侍女に手を貸した。エリザベートは目を開けてゆっくりと立ち上がった。

「陛下、どうかされましたか。大丈夫ですか」と侍女は解けた髪や服装の乱れを直すのを手伝いながらエリザベートに尋ねた。興奮のためか、皇妃の顔に朱が差していた。

「ありがとう。何でもありません」とエリザベートは微笑みを浮かべながら答えた。さらにエリザベ

汽船ジュネーヴ号(上)
ジュネーヴ市内、暗殺現場は対岸の中央部(下)
L'Illustration, 17 Septembre 1898.

ートは襲撃を目撃して安否を問う者たちにドイツ語、フランス語、英語でそれぞれ感謝の言葉を述べた。

襲撃が起きたことに気づいたオテル・ボーリヴァジュの守衛がその場にやって来ると、すぐに部屋に戻るようにエリザベートに勧めた。しかし、エリザベートは「どうしてですか。たいしたことはありません。私たちは船に急いで乗らなければなりません」と言って守衛の勧めを断ると、再び歩き始めた。船着き場ではジュネーヴ号が乗客を待っていた。出発を告げる鐘が鳴り続けていた。

「あの男は私をどうしようとしたのかしら」とエリザベートはつぶやいた。

「陛下、それはホテルの守衛のことですか」と侍女は尋ねた。

「いいえ、違う男のことです。あの恐ろ

しい男です」

「わかりません。でもあの男はきっと極悪人です」

「時計を奪おうとしたのかしら」とエリザベートは少し間を置いてから言った。

紅潮していた皇妃の顔がしだいに色を失いつつあるのを見た侍女は腕を貸そうとした。しかし、エリザベートは腕を借りるのを拒んだ。ただ少し気になったのか、エリザベートは「青ざめていますか」と尋ねた。

「少し青ざめていますす。きっと気が動転したからでしょう」

そこへ先ほどの守衛が急いで後を追って来ると、襲撃犯を取り押さえたと二人に告げた。

「彼は何と言っていますか」とエリザベートは侍女に聞いた。

侍女はエリザベートの問いに答えながらどこも異常がないか重ねて確認した。

「胸が少し痛みますが、よくわかりません」とエリザベートは侍女に伝えた。

話している間に皇妃と侍女は船着き場までやって来た。エリザベートはタラップを軽やかに渡った。侍女はそのすぐ後に続いた。甲板に上がった直後、急に気が遠くなったエリザベートは「あなたの腕を」と言った。エリザベートは侍女の胸の中にゆっくりと沈み込み、そのまま意識を失った。

「医者を。医者を。水を」と侍女は叫んだ。

エリザベートの目は固く閉じられていた。その顔から見る見る血色が失われた。水が届けられ、皇妃の顔にかけられた。侍女はその時のことを後に次のように回想している。

彼女の瞼《まぶた》は開かれた。そして私はその奥に死神の姿を恐怖とともに見た。それまで私は何度も死神を見てきた。今、私は虚ろな瞳の中にその姿を認めた。この恐ろしい重み、私を地の底へ引きずり込もうとする重みこそ死神の重みなのだ。この冷たさ、私の心臓を凍らせる冷たさこそ死神の冷たさなのだ。私は心臓の鼓動を思い出した。

気を取り直した侍女は「医者は。医者は。この船に医者は乗っていませんか」と船内に呼びかけた。医者は見つからなかったが、一人の元看護師が手を貸してくれることになった。さらにジュネーヴ号の船長も姿を見せた。船長はすぐに病人を岸に揚げてホテルに連れ戻すように勧めた。しかし、侍女は「恐怖で失神しただけです」と言って断った。船長は持ち場に戻り、ジュネーヴ号は出航した。

元看護師は意識を回復させる処置を直ちに試みた。座席の上に横たえられたエリザベートの額に元看護師の手でオー・デ・コロンが塗布された。その間に侍女は皇妃の黒い服を緩め、呼吸を楽にするためにコルセットの紐を切断した。皇妃が黒い服を着ていたのは生涯ずっとルドルフ皇太子の喪に服することを誓っていたからである。さらに侍女はエリザベートの唇にエーテルに漬けた角砂糖を滑り込ませた。角砂糖を嚙む音が微かに聞こえた。

ゆっくりと目を開いたエリザベートに「陛下、ご気分は良くなりましたか」と侍女は尋ねた。いったい何が起きたか探るかのようにエリザベートは視線をさまよわせていた。数分後、エリザベートは身を起こすと、一息ついて「ありがとう」とようやく答えた。それは見知らぬ元看護師にかけられた言葉であった。侍女の目には皇妃はすっかり元気になったように見えた。

周りに集まっていた人びとは解散し、その場に数人だけ残った。エリザベートの視線は空に向けられ、次にダン・デュ・ミディの山々のある方角に向けられた。ダン・デュ・ミディの山々はレマン湖の南東、フランスとの国境地帯にある連峰で一週間前にエリザベートはスターライ伯爵夫人と一緒に遠出してこの山々を観望していた。エリザベートの視線は最後に侍女のところで止まった。「今、私の身に何が起きているのですか」という言葉が皇妃の口から漏れた。

「陛下は発作を起こしたようです。もう大丈夫でしょう」と侍女は答えた。

エリザベートは侍女の問いかけに答えることなく再び意識を失った。侍女は首からマリア信心会のメダルを外すと皇妃の心臓の上に置いた。それから侍女はリボンを解いて黒い絹のボレロを開いた。薄紫の麻の肌着に付着した血の染みが見えた。さらに小さな傷口も見つかった。侍女は「ああ、神よ、彼女は襲撃を受けたのです」と元看護師に言った。元看護師は船長をすぐに呼びに行った。侍女は駆けつけた船長に向かって言った。

「船長、お願いです。すぐに着岸してください。あなたの船に乗っているこの貴婦人はオーストリア皇妃です。胸部に傷を負って瀕死です。医師の助けも神父の赦免もないまま彼女を死なせるわけにはいきません。直ちに引き返してください」

船長はジュネーヴに帰航するように水夫たちに指示した。やがて汽船はジュネーヴの船着き場に再び着岸した。船内には担架がなかった。そこで二本のオールと帆布とクッションで即席の担架が作られた。侍女は担架に乗せられた皇妃の身体を外套で覆った。皇妃の額には汗が滲んでいた。二時一五分、担架は六人の水夫たちによってオテル・ボ－リヴァジュに運び込まれた。

ホテルの部屋に駆けつけた医師は皇妃の容態を確認すると、「望みはまったくありません」と言った。

「望みがまったくないとは」と侍女は思わず叫んだ。

続けて侍女は「できることは何でもしてください。彼女を蘇生させるためにあらゆる手を尽くしてください」と医師に懇願した。しかし、できることはもう何も残されていなかった。

神父が到着してエリザベートに最期の赦免を授けた。その場にいた者たちは跪いて祈りを捧げた。

一八九八年九月一〇日午後二時四〇分、医師はオーストリア皇妃エリザベートの薨去《こうきょ》を宣告した。享年六一。

スターライ伯爵夫人は「午後二時四〇分、医師は恐ろしい言葉を告げた。最も美しく気高い魂、そして誰よりも厳しい試練にさらされた魂がこの世を離れ、その去失が『亡くなった』というたった一言で示された」と回想している。またスターライ伯爵夫人は「天空に舞い上がって消えて行く鳥のように、または目の前で立ち昇ったかと思うと次の瞬間になくなってしまうような青い煙のように私はこの世から去りたい」というエリザベートの言葉を引用している。

後にフランツ・ヨーゼフ一世に遺品を手渡した際に遺髪を切り取っておかなかったのかと聞かれたスターライ伯爵夫人は「いいえ、陛下、私は皇妃が髪をどれだけ大切にしていたのか知っていたのでそんなことをするつもりになれませんでした」と答えたという。

皇妃を襲撃した後、ルキーニは現場から北西に延びるアルプ通りに入って逃走した。当時の報道によると「近くの小公園」に向かったとある。ブランズウィック霊廟の北西にある小さな公園のことを指していると考えられる。

反対方向からやって来た転轍手《てんてつしゅ》のアントワーヌ・ルージュはアルプ通り五番地の辺りでルキーニの行く手を阻んだ。後に法廷でルージュはルキーニが「私は何もしていない」と叫んだと証言している。それに対してルキーニは「私は殺した」と言ったと反論している。

さらに電気工のルイ・シャンマルタンがルキーニを追跡し、二人の御者と一人の船乗りの協力を得て取り押さえた。モン＝ブラン湖岸通りで汽船の到着を待っていたシャンマルタンは無我夢中で走るルキーニを見かけたという。シャンマルタンによると、取り押さえられた時にルキーニは「ご容赦を」と言ったという。

襲撃から取り押さえられるまで二分ほどであった。ルキーニはほとんど抵抗することなく「心配するな。私は逃げようとしない。警察官を探している」と言った。それからルキーニは陽気に歌い始めた。周りを取り囲んだ群衆はルキーニを滅多打ちにしようとした。

オテル・ボ＝リヴァジュの守衛の通報で駆けつけた警官がルキーニの身柄を確保して逮捕した。当初、逮捕に協力した者たちも警官もルキーニを貴婦人の時計を狙った泥棒だと思っていた。貴婦人の正体が誰かすぐにわからなかったうえに、ルキーニが凶器をすぐに捨ててしまったからである。

ルキーニはどこに凶器を捨てたのか。アルプ通り三番地にある建物の玄関である。おそらく逃走途中に投げ捨てたと考えられる。凶器は管理人の妻によって発見されたものの、刃に血痕が付着していなかったことに加えて、同日に退去した住人が置き忘れた物だと勘違いされたせいで通報が翌日まで

電気工のルイ・シャンマルタン（左上）
凶器のやすり（右上）
ルキーニの肖像三点（下）
L'Illustration, 17 Septembre 1898.

遅れた。

連行される途中、ルキーニは「ただ一つ残念なことは彼女を殺せなかったことだ」と言った。警官は「おまえは彼女を殺したいと思っていたのか」と尋ねた。

「私は思っていた。あれで刺せばきっと死ぬはずだと」

「いったい何で刺したのか。話を続けろ」

「断面が三角形のやすりで刺した。大工がのこぎりの刃を研《と》ぐのに使うやすりだ」

鉄製の刃は長さ一一センチメートルであり、先端部分が欠けている。長さ九センチメートルとする資料もある。最も厚い部分でも一センチメートルに満たない。柄の部分はモミ材で長さ六センチメートルである。

犯行現場にほど近いパキ地区の警察署でルキーニは身体検査を受けた。ルキーニの所持品はスイス連邦の硬貨が六枚、フランスの硬貨が四枚、ベルギーの硬貨が一枚、ジュネーヴ慈善食堂の食券が七枚入った布袋、兵役証書、勲章授与証書、騎兵隊の制服を着用した写真一枚、一八九八年九月三日から五日にエヴィアン‐レ‐バンに滞在していた外国人客の一覧、ダラゴナ家から届いた五通の手紙、『ラジタトレ紙』の出資申込書、いくつかの新聞記事、煙草の吸い殻四つであった。

『ラジタトレ紙』は一八九八年七月二日に著名な無政府主義者のジュゼッペ・チャンカビッラによってスイス北西部のヌシャテルで創刊された無政府主義の機関紙で、同年九月一七日にルキーニによる暗殺事件を擁護する「やすりの一撃」という記事を掲載した第一二号が最終号になった。ルキーニはほかにも『ル・リベルテール紙』や『レガリテ紙』などの無政府主義の機関紙を読んでいた。

尋問

九月一〇日の尋問

ルキーニの身柄は司法当局が入っているパレ・ド・ジュスティスに移された。そして暗殺当日の九月一〇日からルキーニに対する尋問が開始された。予審判事のシャルル・レシェが主に尋問を担当した。予審判事は事件を裁判にかけるか否か決定するために現場検証や事情聴取などを自ら実行する役職である。そうした手続きは予審と呼ばれている。

各種文献で公刊されたジュネーヴ当局の記録によると、尋問は主なものに限っても十数回に及ぶ。司法関係者の臨席の下、予審判事が一対一でルキーニに尋問することもあれば、目撃者を交えて尋問することもあった。本書では断片的な尋問を除き、公刊されたジュネーヴ当局の記録の主要部分をすべて訳出している。

これから尋問における質疑応答を紹介するが、ルキーニが必ずしも真実を述べていないことに注意しなければならない。司法当局もそれを十分に承知していて、尋問と同時に進められていた捜査の結果を突きつけることでルキーニを追い込んで真実を引き出そうとした。ルキーニは何を訴えたかったのか、それと同時に何を隠したかったのか。それを読み解いてほしい。なお必要に応じて説明を挿入してある。最初の尋問は罪状認否から始まった。

尋問　オーストリア皇妃の殺害を企てたとしておまえは告発された。殺害の企てに関して罪状を認めるか。
ルキーニ　はい。
尋問　もし座りたいなら座ってもかまわない。おまえは何という名前で呼ばれているか。
ルキーニ　ルキーニ。
尋問　洗礼名は。
ルキーニ　ルイジ。
尋問　おまえはいつ生まれたのか。
ルキーニ　一八七三年四月二三日［二二日が正しい］。
尋問　どこで。
ルキーニ　パリで。
尋問　ではおまえはイタリア出身ではないのか。
ルキーニ　はい。
尋問　おまえの父親の洗礼名は。

ルキーニ　知らない。
尋問　孤児か。
ルキーニ　はい。
尋問　おまえの母親の洗礼名は。
ルキーニ　ルイーズ。
尋問　おまえはパリで育ったのか。
ルキーニ　いいえ。
尋問　それならどこで。
ルキーニ　パルマで。
尋問　結婚しているか。
ルキーニ　いいえ。
尋問　職業は。
ルキーニ　労働者。
尋問　おまえはどこに住んでいるのか。
ルキーニ　(沈黙)。
尋問　私の言っていることがわかっているか。
ルキーニ　はい。
尋問　それなら私はおまえがどこに住んでいるのか知りたい。

ルキーニ　アンフェル通り八番地。

尋問　ここジュネーヴか。

ルキーニ　はい。

尋問　ジュネーヴにいつから住んでいるのか。

ルキーニ　九月五日から。

尋問　それでその前はどこにいたのか。

ルキーニ　ローザンヌに。

尋問　そこにいつからいたのか。

ルキーニ　私がローザンヌに到着したのは五月二〇日だ。

尋問　今年か。

ルキーニ　はい。

尋問　おまえはローザンヌのどこに住んでいたのか。

ルキーニ　メルスリー通り一七番地のマテイの下宿屋に。

捜査によると、マテイの下宿屋の滞在者名簿にはルキーニの名前と五月二〇日に到着して九月五日に退去したことが記録されていた。したがって、ルキーニの返答と合致している。

尋問　おまえはローザンヌで何をしていたのか。

ルキーニ　外国で私の同国人が皆やっていることを。つまり、［肉体］労働を。
尋問　どこで。
ルキーニ　教会の前にある新しい郵便局の建設現場で。
尋問　ではおまえの言うことを正しく理解できているとすると、おまえは五日前にローザンヌから
まっすぐここにやって来たということか。
ルキーニ　はい。
尋問　おまえは本当にルキーニという名前なのか。
ルキーニ　はい。
尋問　おまえは嘘を言っている。おまえの名前はルキーニではないだろう。

なぜルキーニという名前の真偽が問題になっているのか。当初、ジュネーヴ当局はパリ当局が追っていたイタリア系フランス人のニケズ・ルッケシという無政府主義者とルキーニを混同していたからである。パリ当局から送られた情報によってルキーニがまったくの別人であることがすぐに判明した。さらにブダペストから寄せられた情報によってルキーニの身元が確定した。

ルキーニ　いいえ。
尋問　けっこうだ。嘘をついても意味がないことをわきまえてもらいたい。
ルキーニ　私は嘘をついていない。

尋問　それならよろしい。となると、おまえはローザンヌで突然仕事をやめてしまったのか。
ルキーニ　仕事中に急に思い立った。
尋問　どうしてジュネーヴに来たのか。ここで何をするつもりだったのか。
ルキーニ　（沈黙）。
尋問　おまえは自分が何のためにジュネーヴにやって来たのかわからないのか。
ルキーニ　もちろんわかっている。ローザンヌでアンリ・ドルレアンがジュネーヴにいることを新聞で読んだ。
尋問　いったいそれで。
ルキーニ　私は彼を殺すためにここに来た。
尋問　フランスの王位請求者［アンリ・ドルレアン］か。
ルキーニ　はい。
尋問　おまえは自分が何を言っているのかわかっているのか。
ルキーニ　もちろん。
尋問　おまえはわざわざ自ら罪を認めようというのか。信じられないことだ。
ルキーニ　罪を認めよう。私はアンリ・ドルレアンを殺したかった。しかし、私は彼がヴァレー州［レマン湖を挟んでジュネーヴの東方にある州］にすでに向かったとジュネーヴで聞いた。ただ彼は［ジュネーヴに］戻るために汽船で［レマン］湖をまた渡らなければならない。
尋問　どうやっておまえはそれを知ったのか。

ルキーニ　新聞で知った。二日間、私は汽船が出入りする岸壁で彼を待ち構えていた。彼が到着しなかったので七日に私はエヴィアン［-レ-バン］に行った。

尋問　なぜ。

ルキーニ　多くの要人がエヴィアン［-レ-バン］に滞在しているからだ。アンリ・ドルレアンもきっとそこにいるに違いない［と思った］。しかし、私は彼を見つけられなかった。そこで私は［八日］木曜日にジュネーヴに戻った。私は公であろうと王であろうと共和国の大統領であろうとほかの者を殺そうと決めた。結局、彼らはすべて同じ類いの者たちだ。

突然、電話が入った。それは皇妃の訃報であった。予審判事のレシェは被害者の死をルキーニに告げた。

ルキーニ　無政府主義、万歳。無政府主義者、万歳。

ここでレシェは尋問を中断して検事総長のジョルジュ・ナヴァッザとともに事件現場を検分した。それからレシェはオテル・ボ-リヴァジュに入り、スターライ伯爵夫人から事情を聴取した。検死に関する手続きを進める必要があったので事情聴取は中断された。パレ・ド・ジュスティスに戻ったレシェは尋問を再開した。

尋問　おまえはルイジ・ルキーニだと相変わらず断言するのか。
ルキーニ　私はルキーニだ。
尋問　ああ、そうか。ではそうに違いない。では私に事件について教えてほしい。
ルキーニ　皇妃が侍女を連れてホテルを出るのを私が見た時、一時三〇分の鐘が鳴ったばかりだった。昨日と今朝も皇妃はその侍女と一緒に歩いていた。
尋問　「昨日と今朝も皇妃はその侍女と一緒に歩いていた」とおまえは言ったのか。
ルキーニ　そのとおりだ。
尋問　おまえはどのようにしてそれを知ったのか。
ルキーニ　どのようにしてそれを知ったかとは。昨日から私はずっと彼女たちを尾行していた。それ以外の方法があるか。
尋問　よろしい。話を続けるように。つまり、おまえは皇妃と侍女がホテルを出るのを見た。
ルキーニ　そうだ。彼女たちはモン－ブラン湖岸通りを歩いていた。彼女たちの先に一人の男がいた。従僕だ。従僕は二着の婦人用外套を腕に抱えていた。その婦人用外套は明らかに上流階級の貴婦人の持ち物だった。皇妃と同じホテルから出て来た従僕は汽船ジュネーヴ号に向かった。私は汽船が午後一時四〇分にコーの麓にあるテリテ［レマン湖東岸沿いにある町］に向けて出航すると知っていた。それに私は皇妃がコーに行くために［レマン］湖を渡ろうとしていることも知っていた。
なぜ従僕は先に汽船に向かったのか。侍女の話によると、皇妃の乗船を伝えるためである。エリザベートの身支度がなかなか終わらなかったせいでホテルから出るのが遅れ、出航時間に間に合わない恐れがあった。

尋問　どのようにしておまえは知ったのか。

ルキーニ　新聞で。あの従僕はきっと皇妃の従僕に違いないとわかった。だから皇妃がこれから船で旅をするとわかった。その直後、皇妃も侍女と一緒にホテルを出た。

尋問　それで……。

ルキーニ　すべて私の計画に沿って実行した。

尋問　すべておまえの計画に沿って実行したのか。

ルキーニ　ほかに何かあるとでもいうのか。

尋問　それは間違いだろう。おまえは依頼を受けて実行した。それをこれから証明しよう。よいか。誰がおまえに卑劣な犯罪を依頼したのか教えろ。すぐにだ。すぐにそれを知りたい。話せ。

ルキーニ　あなたは自分が信じたいことを信じればよいだろう。自分で計画したとおりにすべてを実行した。独りで実行した。彼女たちは私に近づいてきた。二人ともだ。私はブダペストで皇妃を見たことがあった。その時……。

尋問　「ブダペストで皇妃を見たことがあった」とおまえは言ったのか。それはいつのことだ。

ルキーニ　四年前だ。私はブダペストにいた。皇妃もブダペストにいた。

オーストリア当局が九月二七日にジュネーヴ当局に提供した情報によると、ルキーニが言及している期間にエリザベートはブダペスト近郊のゲデレー宮殿に滞在していたという。

尋問　皇妃がおまえに近づいてきたから皇妃の顔をはっきりと識別できたというわけだな。間違いなく皇妃だとわかったのか。

ルキーニ　そのとおりだ。

尋問　よかろう。今朝、おまえはどこで様子をうかがっていたのか。

ルキーニ　彼女たちが外に出て来るまで私は湖岸の鉄柵にもたれかかっていた。

皇妃と侍女を待ち構えるルキーニの姿は複数の者に目撃されている。ある者は午前七時一五分にアデマール＝ファブリ通りとモン＝ブラン湖岸通りの交差点付近で誰かと激しく議論しているルキーニを見たと証言している。また別の者は午後一時半頃にオテル・ボ＝リヴァジュ付近の湖岸で鉄柵に寄りかかっているルキーニの姿を見かけたという。

尋問　正確にはどこだ。

ルキーニ　オテル・ド・ラ・ペ［オテル・ボ＝リヴァジュと同じくモン＝ブラン湖岸通り沿いにあるホテル］と汽船の係留地の間だ。

尋問　しかし、辻馬車の御者たちの待機場の前で皇妃は刺された。

ルキーニ　そうだ。私は彼女に走り寄って道を塞いだ。私は身を屈めてパラソルの下を見た。別人を刺したくなかった。彼女たちは二人ともいつも黒い服を着ていた。彼女はとりたてて美しくなかった。すでに老齢だった。そうではないと言う者は彼女を実際に見たことがないのだろう。もしくは嘘をついている。
尋問　それから何が起きたのか。
ルキーニ　たいしたことは何もない。私は彼女を刺した。
尋問　何を使って。
ルキーニ　非常に鋭利な武器を使って。
尋問　やすりを使ったのか。
ルキーニ　はい。
尋問　それをおまえに渡したのは誰か。
ルキーニ　誰でもない。八日前、自分で購入した。
尋問　どこで。
ルキーニ　ローザンヌで。
尋問　正確な場所は。誰から購入したのか。
ルキーニ　古物商から購入した。旧市街のどこかだ。それ以上のことは覚えていない。申し訳ない。
尋問　おまえは皇妃の暗殺を実行するためにやすりを購入したのか。
ルキーニ　私は暗殺を実行するためにやすりを購入した。ただ皇妃を標的にしようとはまだ考えていなかった。

尋問　話を続けろ。

ルキーニ　私が彼女を刺した時、きっと彼女が死ぬとわかっていた。私は全力で彼女を刺した。武器が彼女の胸の奥深くまで貫通したのを感じた。刺されてすぐに彼女は崩れ落ちた。それから私は走り去った。

尋問　それで凶器は。

ルキーニ　誰も発見していないのか。

尋問　そうだ。おまえは凶器をどこに置いたのか。

ルキーニ　捨てた。

尋問　どこに。

ルキーニ　どこかに。

尋問　特定の場所に向かって逃走しようとしていたのか。おまえはどこへ行こうとしていたのか。余計なことは考えるな。答えろ。

ルキーニ　逃走しようとしたわけではない。

尋問　逃走しようとしたわけではないだと。おまえが全速力で走ったのは……ふざけていたとでもいうのか。

ルキーニ　私は警察を探していた。それが当初の計画だった。自首したかった。多くの人たちの前で自分の行動について説明できるように。

尋問　なぜその場に留まらなかった。そうしたほうが合理的だろう。

ルキーニ　私はカゼリオと同じ目に遭いたくなかった。［その場に留まった］カゼリオは警察が到着する前に狂乱した群衆に襲われて半殺しにされた。

尋問　ではもう少し私に教えてくれないか。逃亡の動機についておまえはまだ納得できるような説明をしていない。事件直後におまえの逃亡は現場から数百メートルの場所で終わってしまった。数時間にわたって警察は凶器を捜索しているが無駄に終わっている。なぜそんなことになっているのかすべて説明してもらえるか。［答えられなければ］まあいい。それで何か付け加えたいことはないか。

ルキーニ　私の唯一の目的はオーストリア皇妃を殺すことだったと認めよう。彼女の訃報を聞いて私は嬉しい。私は無政府主義者だ。

このように言っているものの、ルキーニは獄中で暗殺を後悔するようになる。一九〇一年四月一〇日に実施された面談でルキーニは暗殺を実行したことについて寒気を感じることもあると述べている。さらにルキーニは暗殺時の動きを再現して見せながら「人間に対して平然と同じようにできたはずなのに、ご覧のとおり、藁布団を打つだけで手が震える」と言ったという。ただその後にルキーニは「私は悔悛するようになったが、世界は悪に溢れていると思っている。あらゆる人間、すなわち特権階級だけではなく大衆も罪を背負っていると考えている」と付け加えている。

尋問　自分でその目的を考えついたのか。
ルキーニ　誰かに仕組まれたことなど何もない。偉大なバクーニン［一九世紀ロシアの無政府主義の提唱者］が鎖を解き放つ道を示してくれた。
尋問　鎖とは何か。
ルキーニ　堕落した貴族階級と資本主義の有産階級が我々にかけている鎖だ。
尋問　おまえの偉大なバクーニンとやらがいったい何を目指しているのか正確に理解しているのか。
ルキーニ　あなたも資本主義の有産階級だ。バクーニンの目指していることなどあなたにはわからないだろう。私は行動こそプロパガンダになると信じている。私と同じような者はほかにも多くいる。世界中に何千何万といる。それだけが勝利に至る道だ。
尋問　もう一つ質問がある。皇妃がジュネーヴに滞在していることをどのようにして知ったのか。
ルキーニ　新聞で。
尋問　前科はあるか。
ルキーニ　ない。それに前科がないことは私にとって有利に働いた。
尋問　おまえはこのような卑劣な行動のせいで良心の呵責を感じないのか。
ルキーニ　良心とは。私のような人間でも良心を持っている。誰もがそう言うかもしれない。しかし、誰も私の良心を尊重しようとしない。数千年にわたって悲惨な状態で暮らしてきた人びと、強大な者たちや富裕な者たち、時にはそうした者たちの中のたった一人によって常に虐げられてきた人びと、強大な者たちや富裕な者たちの戦争で死んできた人びとに後悔しなければならないことなど何もない。

ここでまた尋問は中断された。書記による記録に署名した後、ルキーニはサン＝タントワーヌ監獄に連行された。その間にレシェはルキーニが滞在していたセドゥ夫人の下宿屋に向かった。セドゥ夫人から事情を聴取するためである。セドゥ夫人はルキーニが九月八日にやって来て二泊分の料金を支払ったと証言した。聴取が終わった後、レシェはセドゥ夫人にパレ・ド・ジュスティスまで同行を求めた。面通しのためである。ルキーニを見たセドゥ夫人は確かに自分の下宿屋に泊まっていた男だと認め、「罪のない未亡人をこんな犯罪に巻き込むなんて恥を知りなさい」と叫んだ。それから尋問が再開された。

ルキーニ　どこに住んでいるのか聞かれたのでアンフェル通り八番地だと答えた。直近の二晩はそこにいた。それから私は［七日］水曜日から［八日］木曜日までエヴィアン［＝レ＝バン］にいたと言った。つまり、五日以降はセドゥ夫人の下宿屋に滞在していない。

尋問　五日から七日の夜はどこで寝たのか。

ルキーニ　ずっと「ジュネーヴの」旧市街だ。

尋問　正確な場所はどこだ。誰の家だ。

ルキーニ　申し訳ないが、住所はわからない。歩いている時に貸し出しの掲示をたまたま見つけて中に入ってみた。［その辺りの］通りの名前にあまり詳しくない。

尋問　旧市街の貸主の記録をすべて調べさせよう。そうすればおまえが本当のことを言っているかどうかわかるだろう。

調査の結果、司法当局はルキーニの言及した場所がマドレーヌ通り九番地のイェーカー夫人のカフェであることを突き止めた。しかし、滞在者名簿にはルキーニの名前はなかった。面通しの際にイェーカー夫人はルキーニが九月八日午後四時頃に来店したことを認めたが宿泊していないと証言した。

ルキーニ　そのような手間をかけなくてもよい。私のことを詮索したり身分証明書の提示を求めたりする者は誰もいなかった。
尋問　おまえのような知性を持つ男がどこで誰と寝たのかわからないと私に信じろというのか。
ルキーニ　あなたは私の知性を過大評価しているらしい。
尋問　ジュネーヴに到着したのはいつだ。
ルキーニ　五日の午後一時頃だ。
尋問　けっこう。最初の二晩、おまえはどこで寝たかわからないと主張するのだな。しかし、おまえは何かを食べなければならなかったはずだ。うろついている間にどこかの酒場に入っただろう……。二日間もあればな。おまえは誰かといろいろ話したはずだ。おまえが見かけたり立ち話をしたりした者たちの名前をいくつか挙げてみろ。一つでもよい。ここジュネーヴでということだ。月曜日から水曜日、つまり九月五日から七日までだ。給仕、多くの公園にいる庭師、道を尋ねた警官、パン屋の店員など。おまえは一つくらいパンを買ったはずだ。そうではないのか。
ルキーニ　私は誰とも話していない。
尋問　そんなことはあり得ない。そうだろう。
ルキーニ　私は誰とも話していない。
尋問　それにおまえは何も食べていないのか。その間ずっと商店にも酒場にも入らなかったのか。一杯のワインも飲まなかったのか。
ルキーニ　そうではないが、どこかは覚えていない。
尋問　よかろう、そこはもう触れないでおく。セドゥ夫人の下宿屋でおまえと同じく一夜を過ごした若い男は誰だ。
ルキーニ　私は彼のことを知らない。

捜査によると、ルキーニがともに一夜を過ごした若い男とは危険な無政府主義者として先に国外追放された機械工のジュゼッペ・ポルトゥナトである。イェーカー夫人はポルトゥナトとルキーニが閉店まで話し合っていたと証言した。ルキーニはイェーカー夫人と対決させられても九月八日にカフェでポルトゥナトと話し合っていたことを否定した。

尋問　私の言っていることがわかっていないようだな。一昨日の［八日］木曜日におまえと一緒にセドゥ夫人の下宿屋へ行ったおまえの友人のことを私は聞いている。

ルキーニ　彼は私の友人ではない。
尋問　おまえの好きなように思うがよい。ただ彼はおまえに同行していた。
ルキーニ　はい。
尋問　よいか。おまえは彼のために四回の支払いをした。ベッド代として一回に三〇サンティームを支払った。そしてベッドを彼と共有した。扉のすぐ近くの右側にあるベッドだ。その部屋にはほかにも二人の同国人が寝ていた。そうだな。
ルキーニ　はい。

セドゥ夫人の下宿屋では一人でベッドを借りる場合は四〇サンティーム、ベッドを共有する場合は一人三〇サンティームを支払うことになっていた。したがって、ルキーニがベッドを共有していたことがわかる。

尋問　よかろう。では［八日］木曜日におまえと一緒に来て、同じベッドで寝て、［九日］金曜日の朝に一緒に出て行き……今朝、アンフェル通りの家を一緒に出た……男のことを私は話している。その男の名前を知りたい。
ルキーニ　私は知らないとすでに言ったはずだ。彼は［単なる］私の同国人であり、私と同じく無政府主義者だ。無政府主義者は互いに名前を聞かない。私は彼と汽船の上で出会った。……エヴィアン［－レ－バン］からここに来る途中に。

尋問　おまえはどのようにして彼が無政府主義者だと知ったのか。
ルキーニ　無政府主義者であれば同志の無政府主義者のことはすぐわかる。
尋問　それでどのようにして。
ルキーニ　資本主義の有産階級には教えられない。
尋問　彼のことを知らないのにどうしておまえは彼のためにお金を払ったのか。それは無政府主義者たちの間ではよくあることなのか。
ルキーニ　そうだ。お金を持っている者が支払う。我々にとってお金は何の意味も持たない。同志のためにお金を使うことは最高のお金の使い方だ。
尋問　その同志は今どこにいるのか。
ルキーニ　彼はジュネーヴが気に入らなかった。彼は［ジュネーヴから］出て行きたがっていた。
尋問　どこへ。
ルキーニ　我々は互いに何も聞かない。名前も聞かず、ほかのことも何も聞かない。
尋問　とても実用的な仕組みだ。
ルキーニ　そうだ。
尋問　おまえとおまえの……見知らぬ同志は一つのベッドを二晩借りた。そうだな。
ルキーニ　はい。
尋問　なぜだ。
ルキーニ　あまり長く滞在できるお金を持っていなかったからだ。

尋問　それでおまえたちは二人とも今日、エリザベート皇妃を殺すつもりだったのか。

ルキーニ　機会があればすぐにでも要人を殺そうと思っていたのは私だけだ。まさにそうなのだ。私の同志はそのようなことに興味はなかった。［八日］木曜日の時点で私は今日のように自分の計画をうまく実行できるとは思っていなかった。

書記　そのとおりに書き留めてもよろしいか。口述記録にあなたの直前の主張を記録してもよろしいか。

ルキーニ　もちろんかまわない。あなたは事実を聞いて残念そうに見える。しかし、これが事実なのだ。

尋問　もしおまえがエヴィアン［－レ－バン］のどこにいたのか覚えているなら私に教えてくれ。

ルキーニ　もちろん覚えている。

尋問　それは嬉しいことだ。

ルキーニ　カフェの上の階で寝ることができる。エヴィアン［－レ－バン］にはそういうカフェが多くある。通りの名前はもしあったとしてもわからない。ジュネーヴに比べればエヴィアンは小さな町だ。

尋問　せめてカフェがどこにあったかおおよその説明はできるだろう。

ルキーニ　説明できない。しかし、その場に行けば説明できるかもしれない。

尋問　エヴィアン［－レ－バン］はフランスにあるんだぞ。スイスの判事と裁判を待っているイタリア人の被勾留者が簡単にフランスの土を踏めると思っているのか。

ルキーニ　私よりあなたのほうがよくわかっているはずだ。私の寝た場所をあなたに喜んで示すと言うこと以外に私のできることは何もない。

尋問　おまえは五日以降、自分がアンフェル通りに住んでいたとまず私に信じさせようとした。それで納得させられたと思ったのか、おまえはここ数日間、どこに住んでいたのかわからないと主張した。おまえはジュネーヴの住所もエヴィアン［＝レ＝バン］の住所もわからないと言った。おまけに二昼夜をともに過ごした男について洗礼名さえ知らないとおまえは言っている。誰がそんなことをすべて信じられるのか。検察官か。陪審員か。いったい誰か。

ルキーニ　（沈黙）。

尋問　私がおまえに何か質問したら直ちに答えなければならない。さもなければ数日間、おまえを懲罰独房に放り込むことになる。そうすれば、多くの者たちはたいてい記憶を取り戻す。ふざける気が失せてしまうだろうよ。

ルキーニ　どうしてあなたは私に辛辣《しんらつ》な態度を取るのか。あなたは私を拘束している。それにあなたは私の自白も得た。それで十分ではないか。

尋問は打ち切られ、ルキーニは監獄に再び収監された。連行される際にルキーニは「ジュネーヴには死刑がないのが残念だ。私は自分の責務を果たした。私の同志たちも彼らの責務を果たすだろう。あらゆる上流階級の者たちが思い知るべきだ。無政府主義、万歳」と叫んだ。

その夜、獄中のルキーニに聖書が与えられた。聖書の表紙には「汝殺すなかれ」「そしてイエスは言われた。彼らを赦しなさい」という二つの抜粋が記されていた。

九月一一日の尋問

未決囚であったルキーニは通信を制限されていなかった。そこでルキーニは自分の主張を掲載してもらおうとナポリの『ドン・マルツィオ紙』の発行人であるジュゼッペ・トゥルコに手紙を送った。その目的はロンブローゾの説に基づいてルキーニを生得的な殺人者だと指摘する新聞各紙に反論することであった。

最後にルキーニは持論を展開した。

はっきりさせておきたいことがあります。もし支配階級が同胞である人間から搾取していることを認めなければ、私がすでにほかの者［エリザベートのこと］に科した罰と同じ罰を受けることになります。君主や大統領、大臣だけではありません。同胞である人間を抑圧する者たちすべてが対象です。すなわち、人間性の真実の友が搾取する者たちを根絶する日は遠くないでしょう。新世界を築く際に必要とされる言葉は一つだけです。**食べることができるのは働く者だけである。**

手紙の最後にルキーニは署名した。署名の横には「信念を持った無政府主義者」という言葉が添えられていた。

この手紙を受け取ったトゥルコは暗殺事件を画策した無政府主義者たちの首謀者ではないかという嫌疑を受けた。しかし、トゥルコは無政府主義とは無関係だと証言し、ルキーニの手紙を掲載しなかった。

事件の捜査が進められる一方、ジュネーヴ駐在のオーストリア公使は皇妃の検死に関して本国に指示を仰いでいた。フランツ・ヨーゼフ一世はスイスの法に従うようにオーストリア公使に指示した。九月一一日午後二時、オーストリア公使やスターライ伯爵夫人、法曹関係者などの立ち会いの下、オテル・ボーリヴァジュで検死が実施された。凶器がどのように体内に入ったか調べるために胸腔が切り開かれた。

検死の結果、刺し傷は推定八五ミリメートルの長さであり、第四肋骨から胸郭に水平に貫通して、左心室に達して内出血を引き起こしたことが判明した。医師の所見によると、大量の血が心嚢《しんのう》に貯留したせいで心機能が停止したことが皇妃の死因である。死は緩やかであり、ほとんど痛みをともなわなかったという。

刺された後に皇妃が起き上がって自力で歩行して船に乗り込めたのは、出血がゆっくり進行したからである。それは「世界中でほとんど誰も持っていないような類いまれな意志の力と強い自制心を要する」行動であったと医師は評している。またスターライ伯爵夫人は、剣で胸を刺されている「嘆きの聖母」を思い浮かべたと記している。

検死に立ち会った後、レシェはオテル・ボーリヴァジュからパレ・ド・ジュスティスに戻った。すでに午後五時を回っていた。それから前日に続いて尋問が実施された。犯行自体に疑念の余地はなく、共犯者の存在を裏付けられるかどうかが焦点になった。

尋問　おまえは街中を散策している皇妃とスターライ伯爵夫人を秘かに尾行していた。

ルキーニ　誰がそのようなことをあなたに告げたのか。

尋問　それは重要なことではない。さらにわかっていることがある。襲撃後、二人の男がおまえを駅で待っていたこともわかっている。おまえが来なかったので、おまえの二人の仲間は一四時一〇分発のフランス国境に向かう列車に乗り込んだ。すべてを白状するのに良い頃合いだ。何もかも白状しろ。駅にいた二人の男が誰か教えろ。それに最初からおまえの計画を知っていて実行を支援した者たちの名前もすべて教えろ。率直かつ正直であるように。

ジュネーヴ当局は九月一〇日午後一時から勤務についていた車掌から証言を得ていた。車掌によると、二人のイタリア人が駅前の広場を歩き回りながらアルプ通りの方角を見ていたという。アルプ通りの約五〇〇メートル先には暗殺現場になったモン - ブラン湖岸通りがある。後にルキーニは二人のイタリア人が事件に関与していたことを認めたが、名前を明かすことはなかった。

ルキーニ　アーメン。

尋問　全世界に喧嘩を売るのはやめたほうがよい。そんなことをしてもおまえが損をするだけだ。

それにすでに証拠が上がっているのに背後関係を否定し続けても身を危うくするだけだ。
ルキーニ　背後関係とは何か。
尋問　昨日の朝一〇時頃、おまえはオテル・ボーリヴァジュの近くにあるベンチに座っていたな。認めるか、認めないか。
ルキーニ　認める。
尋問　おまえはベンチに座って身なりの良い白髭を生やした五〇代の男と話していたことを認めるか。
ルキーニ　もちろん認める。
尋問　その男は誰か。白髭を生やした男は誰か。
ルキーニ　ジュネーヴの一市民だ。最初、私は彼をホテルの客だと勘違いした。身なりが立派だったからだ。あなたは知らないかもしれないが、私は少しだけ彼と話した。
尋問　おまえが想像するよりも多くのことがわかっているぞ。おまえは旅程と逃亡について「その男と」話していた。それについて何か言うことはあるか。
ジュネーヴ当局は白髭を生やした男がルキーニにさまざまな情報を提供していたのではないかと疑っていた。新聞で情報提供が呼びかけられたが、男の正体は判明しなかった。
ルキーニ　話題が何だったのか覚えていない。おそらく旅程について話していたかもしれないが、旅に出るとは言っていない。ましてや逃亡についてはまったく話していない。私はベンチに座っている者が近くにいる者と少し話してみたくなるのと同じようにその紳士に話しかけただけだ。もちろん逃亡について話したわけではない。
尋問　その男はジュネーヴ市民ではなかった。
ルキーニ　そうなのか。彼はジュネーヴ出身だと私に言った。あなたが私よりも事情をよく知っているなら、私は異議を唱える気はない。
尋問　おまえは彼にイタリア語で話しかけたな。
ルキーニ　ああ、少しだけだが。きっと彼はイタリア語の知識を更新したがっているのだろうと思った。おそらくそういう理由で彼は私に丁寧に接したのだろう。普段、そういう上品な者たちは私のような者にあまり丁寧ではないからな。
尋問　おまえは完璧な役者だな、ルキーニ。しかし、我々をだますことはできないぞ。おまえにとって残念なことに、暗殺の前夜、おまえとその「無害なジュネーヴ市民」、そしてセドゥ夫人の下宿屋でおまえと一緒に寝た若い男が皇妃を尾行していたことがわかっている。おそらくおまえは［九日］金曜日に皇妃を殺そうとした。しかし、その機会がなかった。そうだろう。
ルキーニ　事実無根の話だ。共犯者などいない。ただ仲間たちがいるのは本当だ。何千もの仲間たちがいる。何万もの仲間たちがいる。
尋問　「仲間たち」とはどういう意味だ。
ルキーニ　理解するのは難しくない。あなたの周りを見てほしい。お金持ちと資本主義の奴隷監督たちのほしいままにされている人びとを見つけられるはずだ。暗くかび臭い工場の中で。人類の誕生以来、貧しい者たちがお金持ちを満足させるために働いてきた畑で。世界の獄舎をすべて合わせても私の仲間たちをすべて閉じ込めるのには足りないだろう。あらゆる人びとが私を手助けしようとしていた。私は彼らに呼びかけるだけでよかった。しかし、私には彼らの助けは必要なかった。

尋問　[前日の]供述調書によると、おまえは[九日]金曜日から皇妃を待ち伏せしていた。おまえは供述調書に署名している。目撃者もいる。

ルキーニ　オテル・ボ-リヴァジュの前で私が皇妃を待ち構えていたのは本当だ。皇妃と侍女が馬車から出てホテルに入ったのを見た。ただ私はそれを知りたかっただけだ。私は見張り場所から離れて立ち去った。

尋問　それはいつのことか。何時のことか。

ルキーニ　午後六時過ぎだ。

尋問　それからおまえはどこへ行った。

ルキーニ　アンフェル通りに。

尋問　おまえはまた嘘をついている。おまえは午後六時にアンフェル通りに行っても仕方ないはずだ。セドゥ夫人は[午後]八時になるまで下宿屋に誰も入れようとしないからな。

セドゥ夫人は午後八時から午前八時までの一二時間でベッドを客に貸し出すのが常であった。したがって、午後八時前にルキーニが下宿屋に行っても中には入れなかったはずである。

ルキーニ　そのとおりだ。私はアングレ公園［オテル・ボーリヴァジュからモン-ブラン橋を渡って対岸にある公園。公園から南に向かって五分ほど歩いた場所にアンフェル通りがある］のベンチにしばらく座ってからセドゥ夫人の下宿屋に行った。
尋問　誰と一緒に。
ルキーニ　独りで。

九月一二日の尋問

執拗な追及にもかかわらず、ルキーニは共犯者の存在を認めなかった。有無を言わさぬ証拠がなければ、ルキーニが共犯者の存在を自白することはないだろう。そうした証拠を集めるためには時間を要する。そこで当局は暗殺事件に関しては軽く触れるだけにとどめ、ルキーニの遍歴について尋問を進めることにしたようだ。共犯者の存在について追及してもルキーニは固く口を閉ざすだけで現状では進展は見込めない。それならとりあえずルキーニに喋らせて話しやすい雰囲気を作るほうが得策であると当局は判断したのだろう。

尋問　どうしておまえは短剣で皇妃を殺したと主張したのか。たとえ凶器が発見されなくてもおまえの主張が検死ですぐに否定されるとは思わなかったのか。
ルキーニ　（沈黙）。
尋問　どうしておまえはそんなに必死に凶器の在《あ》り処《か》を隠そうとするのか。何か理由があるに違いない。
ルキーニ　特に理由はない。短剣という言葉をさも私が口に出したかのようにしているのはあなただ。
尋問　これまで望まないことをおまえに言わせようとしてもなかなかうまくいかなかったように思う。どのようにしておまえはやすりを手に入れたのか。
ルキーニ　購入した。
尋問　いつ。どこで。
ルキーニ　ローザンヌで。リポンヌ広場［ローザンヌ中心部にある広場］の市場で。店先にあった。二週間くらい前だ。実のところ、私はナイフを購入したかった。しかし、私にはあまりに高価だった。だから私はやすりを買うことにした。柄をつけて完全なものにしなければならなかった。私は手にうまく馴染むように木片を削った。やすりの代金として一フラン支払った。
尋問　やすりの細工におまえは満足したのか。
ルキーニ　はい。
尋問　よくわかった。しかし、おまえがそのすばらしい話をもっと早く教えてくれなかったことに私は唖然とするしかない。

ルキーニ　（沈黙）。
尋問　けっこう。とりあえずその件は置いておこう。ブダペストでの話を教えてくれ。ブダペストでエリザベート皇妃を見たとおまえは言ったはずだな。
ルキーニ　はい。
尋問　おまえがブダペストにいたのはいつだ。
ルキーニ　四年前の一八九四年。
尋問　それはすでにわかっている。何月だ。どれくらいの期間だ。いつからいつまでだ。どこに住んでいたのか。どこで働いていたのか。さあ、どうなのか。
ルキーニ　春だったはずだ。
尋問　春とはどういうことだ。三月、四月、五月、それとも六月か。
ルキーニ　正確なことは覚えていない。もうかなり暑かった。六月だと思う。もしくは七月かもしれない。
尋問　七月は春ではない。
ルキーニ　そのとおり。
尋問　その時は春ではなかったということだな。よかろう。おまえはブダペストのどこに住んでいたのか。
ルキーニ　ブダペスト一〇区、つまりシュタインブルッフ区［ブダペストの中央部、ドナウ川の東岸に位置する区。シュタインブルッフはドイツ語呼称］に。通りの名前はわからない。そこに二週間も滞在していない。五日分の仕事しか見つからなかったせいだ。
尋問　どこで誰に雇われた。
ルキーニ　道路の建設現場だ。雇用主の名前は忘れた。複雑な名前だった。私と同じく外国人だったかもしれない。
尋問　ブダペストでおまえは皇妃を見たんだな。
ルキーニ　はい。
尋問　おまえの働いている場所に皇妃が来たのか。
ルキーニ　違う。働いている日ではなかった。少し街の中を見て回った。ドナウ川の対岸の旧市街を。皇妃が私のそばを通りかかった。皇妃は無蓋《むがい》の馬車に乗っていた。「ブダ」城の近くだ。
尋問　おまえは多くのことを簡単に忘れてしまうようだが、未来の犠牲者の顔は記憶に焼き付いたようだな。
ルキーニ　はい。
尋問　どうなのか。その時、おまえはすでに皇妃を殺そうと思っていたのか。
ルキーニ　いや、まだそんなことは思っていなかった。私と同じような人びとがひどく扱われたり搾取されたりしていることを私は嘆き悲しんでいた。我々が悲惨な境遇にあるのは権力、すなわち国家や教会のせいだと私は非難するようになった。さらに私は悟った。我々を支配し、警察と軍隊の助けを借りて我々を暴力で抑圧する者たちは状況を変えるつもりなどないのだと。逆だ。彼らは物事を彼らの思いどおりにし、すべて彼らの利益になるようにしている。君主制と共和制に違いはない。貴族も有産階級も教会もすべて同じだ。彼らは皆、農民や労働者の汗と苦悩を糧《かて》にしてより豊かになり、より肥え太る。

尋問　いつから無政府主義に傾倒したのか。

ルキーニ　兵役に就いている頃に無政府主義により関心を抱くようになった。

尋問　おまえは無政府主義の集団や組織に属しているのか。

ルキーニ　属していない。私は単独の無政府主義者だ。私はいかなる形態の連帯も拒絶する。真の無政府主義はいかなる種類の組織も認めない。最も簡素な組織でも管理機構が必要になる。そして、管理機構こそ憎むべき国家権力の本質的な要素にほかならない。

尋問　おまえが学校に通った期間はどのくらいだ。

ルキーニ　約二年だ。あなたのように一〇年や一五年も学びたかった。しかし、学校や大学があらゆる人びとに開かれる日がきっと到来するだろう。最も貧しい人びとや最も恵まれない人びとにも。

尋問　パリで生まれたとおまえは言った。その街を去ったのはいつだ。

ルキーニ　私がとても幼かった頃だ。私の最初の記憶はパルマの孤児院の記憶だ。

尋問　両親のことについておまえは何か知っているか。

ルキーニ　何も知らない。私は両親をまったく知らず、両親について誰も教えてくれなかった。私の母親は生まれた日に私を捨てた。父親はもっと早く、母親が身籠《みごも》った時に私を捨てた。物心ついた時、私は強欲な者たちと一緒に暮らしていた。私の養い親だと称するその者たちは、国家が私のために支給するわずかなお金を使って自分たちの商売をしていた。

尋問　それはすべてどこで起きたことか。
ルキーニ　パルマで。後に街の近郊の新しい養い親のもとで。ヴァラーノ［・デ・メレガーリ］という村だ。その時、私は学校に通っていた。同時に私は金を稼いで養い親に渡さなければならなかった。まず近隣の村の教区司祭のもとで庭師と下働きを務めた。一〇歳の時に学校に通うのをやめた。それから私は石工の補佐として働いた。さらに大きくなって身体が丈夫になると、私は重労働を担うようになった。一六歳の時、私はパルマ－ラ・スペツィア線の資材置き場で枕木とレールを牽引していた。それから私は何度か職を転々とした。
尋問　それはなぜか。
ルキーニ　理由がある。誰もがあちらこちらで数リラでも余分に稼ぎたいと思っているからだ。数チェンテージモ［一リラ＝一〇〇チェンテージミ］でもかまわない。ほかにパンが安い場所があると教えてくれる者もいる。それに寝る場所やワインなど。外国人に親切な人びとがいるといった理由もある。何かを達成しようとしてもうまくいかないこともある。そういうわけだ。
尋問　養い親のもとを離れたのはいつか。
ルキーニ　最後の養い親のことか。
尋問　そうだ。
ルキーニ　私は鉄道の資材置き場で働くのをやめてからジェノヴァに行った。［一八］八九年の秋だ。ジェノヴァの港で私は日雇いの仕事を見つけた。しかし、私はほぼずっと飢えと寒さで苦しんだ。その年の冬は非常に寒かった。春になると、私はスイスに初めて行った。ティチーノ州だ。まずキアッソ［ティチーノ州のイタリアとの国境にある町］、それからアイロロ［ティチーノ州の最北端にある町］に移った。私は道路の建設現場で働いた。私はティチーノ州が気に入った。労働条件はイタリアに戻るよりも良かった。ティチーノ州を故郷のように思うようになった。人びとはとても思いやりがあった。まるで外国人だと感じなかったくらいだ。二年間、私はティチーノ州に留まった。私はそれまでずっと艱難辛苦《かんなんしんく》に耐えてきた。

尋問　それからどうした。

ルキーニ　春になると……。

尋問　一八九二年か。

ルキーニ　そうだ。私の同国人はアルプス山脈を越えればもっと良いことがあると私に言った。仕事がたくさんあって働き手が足りないという。我々は雪が溶けてから出発した。まずサン・ゴッタルド峠を登ってアンデルマットに至り、さらにフルカ峠を登った。フルカ峠はサン・ゴッタルド峠よりも険しかった。それから我々はローヌ氷河を渡り、ライン渓谷を下ってレマン湖に向かった。

この旅はアルプス山脈南部に位置するティチーノ州から山岳地帯を踏破してレマン湖に抜ける旅であった。ルキーニが挙げている地名はいずれもスイスの地名であり、アルプス山脈の中にある。最初にアイロロの北にあるサン・ゴッタルド峠を通り、アンデルマットに向かう。そこから東に進んでフルカ峠を越える。ローヌ氷河はその途中にある。そして、ローヌ渓谷を降りるとアルプス山脈の麓に三日月形のレマン湖が広がっている。なおルキーニは「ライン渓谷」と言っているが、位置関係からするとローヌ渓谷のほかに考えられない。

尋問　徒歩か。

ルキーニ　ほかにどうしろと。しかも大部分［の期間］は靴がなかった。裸足か、もしくは襤褸で足を包んだ。

尋問　旅にはどれくらいかかったか。

ルキーニ　正確なことはわからない。一カ月くらいだと思う。ローザンヌとニヨン［ローザンヌの南西、レマン湖の北岸にある町］を経由してヴェルソワに向けて歩き始めたのは四月下旬か五月上旬だったはずだ。ヴェルソワで私は仕事を見つけた。

ルキーニがヴェルソワで働いていたことは確実である。事情聴取を受けた雇用主は一八九一年から九二年の一〇カ月間にわたってルキーニがヴェルソワで働いていたと証言している。

ルキーニ　道路の建設現場だ。雇用主の名前は［ブレーズ・］パピだ。彼は良識のある男だった。初めて私は小さいながらも私だけの部屋を持った。暖房もなく照明もなかったが、扉で部屋を閉ざすことができた。私にとって新鮮な経験だった。

ジュネーヴ当局はパピからも事情聴取している。パピによると、ルキーニは礼儀正しく親切な人物であり、ヴェルソワの住民、特に子供たちに好かれていたという。ルキーニは子供たちと一緒に遊んだり、散策に連れて行ったりした。政治について語ることはなく、無政府主義に言及することもなかった。ルキーニが暗殺事件の犯人だと知らされたパピは、自分の知っているルキーニと同一人物とはとても思えないと答えた。

尋問　おまえはどこに住んでいたのか。

ルキーニ　ホテルだ。そこはそう呼ばれていた。オテル・ド・ラ・バランス［現オテル・デ・バランス、ヴェルソワの船着き場近くにあるホテル］だ。私はそこで寝たり食べたりした。

尋問　ヴェルソワに滞在したのはブダペスト訪問よりもずっと前の話だな。ヴェルソワではどこで働いてどこに住んでいたか覚えているのに、ブダペストではどこで働いてどこに住んでいたのか覚えていないとは。よく覚えていることがあったり、完全に忘れてしまったことがあったり、いったいどう説明するつもりだ。

ルキーニ　わからない。ヴェルソワにいた時に私は初めてジュネーヴを訪れた。ジュネーヴは一五キロメートルしか離れていなかった。その街には知り合いが何人かいたが、今は誰もいない。ヴェルソワには一〇カ月ほど滞在した。一八九三年の初め、私は放浪を再開して北へ向かった。チューリヒ湖沿いのウエティコン［スイス北部のチューリヒ湖北岸にある村］のカサグランデ氏のもとで煉《れん》瓦《が》職人として六カ月ほど働いた。さらに二キロメートル先のゾンネンベルクで大きな橋の建設に従事した。棟梁《とうりょう》の名前はフィッシャーだったように思う。一八九四年春、私は新しい旅に出た。数日、ウィーンに滞在した後、ハンガリーの首都にたどり着いた。ある場所に向かう者に道中で出会ってその場所まで同行することはよくあることだ。ブダペストに行くことになったが、同じようにベルリンに行くことになったかもしれない。

尋問　もしくはブリュッセルにも。

ルキーニ　そのとおり。もちろんだ。

尋問　おまえはベルギーにあまり長く滞在しなかったのか。

ルキーニ　ベルギーにとは。私はベルギーに行ったことがない。一度もない。

尋問　ではどうしておまえのポケットにベルギーの硬貨が入っていたのか。

ルキーニ　ローザンヌのウシ通りで拾った。港からそれほど遠くない場所だ。

尋問　港の近くを何度も歩き回ったのか。

ルキーニ　湖岸を何度か歩いたが、別に咎《とが》められることはなかった。

尋問　おまえは皇妃を待っていたのか。

スターライ伯爵夫人の証言によると、エリザベートは九月五日にコーからエヴィアン＝レ＝バンに日帰りで行っている。汽船はローザンヌのウシ港で三〇分間停泊した。汽船を降りたエリザベートはスターライ伯爵夫人とともに日陰のベンチで果物を食べたという。

ルキーニ　ウシでか。

尋問　そうだ。ウシで。おまえは私の言うことをしっかり理解できているようだな。
ルキーニ　皇妃がウシやローザンヌにいたかどうか知らなかったし、そこに来る予定があったかどうかも知らなかった。
尋問　しかし、おまえは皇妃がジュネーヴに来る予定があるのを知っていたな。
ルキーニ　いいや、私は知らなかった。それにそのようなことは何も言っていないはずだ。

九月一三日の尋問

当局はルキーニが単独で暗殺を実行したとは思っていなかったようだ。無政府主義者たちの組織が必ず犯行に関与しているはずであり、いつどこで誰を暗殺するのかルキーニに指示した者たちがいるに違いないと当局は考えていたらしい。ルキーニに話を続けさせながら随所に含まれる矛盾を突き、背後に隠されている真実を暴くことが当局の目的であった。

尋問　ではブダペストについてだ。一八九四年の春か初夏にブダペストにおまえはいたのだな。そのとおりか。
ルキーニ　そうだ。
尋問　では少し説明してほしい。ブダペストにわずか二週間滞在するためにチューリヒからブダペストまで長い距離を踏破したのか。

ルキーニ　そうだ。

尋問　驚くべきことだ。なぜそれより長く滞在しなかったのか。

ルキーニ　仕事が見つからなかったせいだ。私は金をまったく持っていなかったし、どうすればパンを手に入れられるか、夜になったらどこで眠ればよいかわからなかった。私よりも経験豊富な仲間がすばらしいことを思いついた。我々はイタリア領事のもとに行って、困窮しているのでイタリアに送還してほしいと願い出た。うまくいった。おそらくブダペストにはイタリア人がほとんどいなかったからだと思う。領事は我々のために証書を発行してくれた。それを使って我々は外国人局からフィウメ行きの切符を受け取った。

尋問　なぜフィウメ行きなのか。

ルキーニ　わからない。そちらで領事に確かめてほしい。領事の気が変わると困るので我々は何も尋ねなかった。その夜、警察は我々を抑留した。翌朝、我々は旅行用の食料を受け取り、汽車に乗り込んだ。二昼夜にわたって我々は列車で旅をし、食事をして、伯爵のような気分を味わった。フィウメで我々は別れた。私はトリエステまで徒歩で移動した。そこでオーストリア警察に拘束されて数日間監禁された。それから私は国境の向こうのイタリアに国外追放された。

尋問　それはいつのことだ。

ルキーニ　六月下旬か七月初旬だったはずだ。［一八］九四年七月中旬に兵役に就いたからだ。

尋問　よく聞いてくれ、ルキーニよ、オーストリアから国外追放されたのが六月下旬か七月初旬、さらにブダペスト滞在が二週間ほどだとすると、ブダペストに到着したのはせいぜい六月初旬だろう。昨日、おまえも三月か四月ではないと言ったはずだ。
ルキーニ　（沈黙）。
尋問　三月か四月にブダペストに自分がいたはずだとおまえはまさか思っているのか。
ルキーニ　わからない。日付は必ずしも正確なものではない。
尋問　捜査において重要な点になると、おまえはよく覚えていないようだな。
ルキーニ　私がブダペストに滞在していたことがどうしてそれほど重要なのか。
尋問　そのうち伝えることになるだろう。では続きを始めようか。［一八］九四年七月におまえは兵役に就いた。おまえはどの連隊に配属されたのか。
ルキーニ　モンフェラート第一三騎兵連隊第三騎兵中隊に。
尋問　連隊はどこに駐屯していたのか。
ルキーニ　カゼルタとナポリだ。中隊長はダラゴナ公だ。
尋問　兵役期間の長さは。
ルキーニ　イタリアの徴兵期間は三年半だ。
尋問　軍隊生活は気に入ったのか。
ルキーニ　それほどでもなかったが、私は優れた兵士だった。私の上官に問い合わせてほしい。
尋問　除隊したのはいつだ。
ルキーニ　一八九七年一二月中旬だ。それから私はナポリとパレルモのダラゴナ公の家で三カ月半にわたって従僕として働いた。労働階級に汗をかかせる暮らしがどのようなものか自分の目で確かめたかった。とても面白かったがすぐに飽きてしまったと言っておこう。四月一日、私は貨物船に乗って［パレルモから］ジェノヴァに渡った。そこから私はヴェンティミーリアとモンテ・カルロを経て徒歩でトリノに行った。私は救貧院で眠った。トリノで私は朝から晩まで仕事を探したが、仕事をもらえると聞いていたのに無駄に終わった。天候が良かったので春の訪れが早まっているように思えた。そこで私は［グラン・］サン・ベルナール峠を越えようと決意した。

尋問　四月にか。

驚くのも当然である。四月になっても積雪のせいで峠越えは過酷な旅であった。イタリアとスイス国境にあるグラン・サン・ベルナール峠はまさに難所であり、そこに建てられた救護院は古くから数多くの遭難者を迎え入れていることで有名であった。峠が通行に適するようになるのは早くても五月からである。一八〇〇年五月にナポレオン率いるフランス軍が峠を越えた時も雪が積もっていたと記録に残っている。

ルキーニ　そうだ。確かに私は踏破した。もし信じられないなら、救護院で煙草を売っている娘に聞いてみるとよい。きっと私のことを覚えているだろう。兵士の頃に撮影した写真を彼女に渡した。

尋問　娘の名前は。

ルキーニ　彼女は名前を言わなかった。たいしたことではないだろう。

尋問　けっこうだ。スイスで最初に滞在したのはどこか。
ルキーニ　マルティニ［スイス南西部にある町］だ。そこで［ピエール・］マッセラ親方に出会った。マッセラは私をすぐに雇ってサルヴァンで左官の仕事をさせた。五週間ほど彼のもとにいたと思う。私はサルヴァンからローザンヌにまっすぐ向かった。五月二〇日か二二日に。そして九月五日までそこにいた。ここジュネーヴに来るまで。
尋問　ミラノ暴動の際におまえはどこにいた。

ミラノ暴動とは一八九八年五月に起きた騒擾《そうじょう》である。食料価格の高騰に対処を求める労働者たちの抗議活動に端を発する暴動で多数の死傷者が出た。イタリア当局は無政府主義者が暴動を引き起こしたと断定した。

ルキーニ　サルヴァンにいた。
尋問　もしかしてミラノにいたのではないか。
ルキーニ　いいや、サルヴァンにいた。
尋問　おまえのように信念が固い男なら仲間たちとともに闘争に身を投じていたはずだ。ミラノのバリケードで戦っている同国人たちを助けるために駆けつけずに、おまえはどうしてサルヴァンでじっとしていられたのか。
ルキーニ　単独の無政府主義者だと私は言っている。無謀にも既成権力に公然と歯向かえば失敗することは最初からわかりきったことだ。それなら別の場所で自分の力を活かすべきだと私は考えた。

尋問　［九月一〇日の供述によると］アンリ・ドルレアン殿下を暗殺するつもりだったとおまえは言った。

ルキーニ　そうだ。私はもともとそうするつもりだった。

尋問　おまえは嘘をついている。

ルキーニ　私は嘘をついていない。

尋問　オルレアン家の方々は九月にジュネーヴやその近郊にいなかったのに、どうしておまえは［九月］五日にアンリ・ドルレアン殿下を暗殺しに来たのか。

「オルレアン家の方々」とはアンリ・ドルレアンとその父親であるシャルトル公のことである。ジュネーヴ当局の調査によると、アンリ・ドルレアンとシャルトル公は八月にジュネーヴのオテル・ド・ラ・ペに滞在していたが、九月に入る前にパリに戻るためにジュネーヴを離れている。八月二〇日および二一日の新聞にアンリ・ドルレアンのジュネーヴ来訪を告げる記事が掲載されたが、九月に同様の記事が掲載された形跡はない。したがって、九月五日にアンリ・ドルレアンを暗殺するためにジュネーヴに来たというルキーニの話は辻褄《つじつま》が合わない。ジュネーヴ当局は、皇妃を暗殺する計画を練った首謀者を隠すためにルキーニがアンリ・ドルレアンの名前を出して捜査を攪乱《かくらん》しようとしたのではないかと疑っていた。

ルキーニ　新聞で読んだ。
尋問　いったいどこでどの新聞で読んだのか。
ルキーニ　ローザンヌで。どの新聞かは覚えていない。
尋問　おまえの言及した時期にオルレアン家の方々が誰もジュネーヴにいなかったことは間違いない。確認済みだ。もしおまえがそれと異なることを新聞で読んだとしても、誤りだったということになる。そんなことがあり得るとおまえは思っているのか。
ルキーニ　私は確かにそれを読んだ。
尋問　そうなると新聞に誤りがあったということになる。[本当に新聞で読んだのかどうか]はいかいいえのどちらだ。
ルキーニ　はい。新聞が誤っていなければよいと願う。
尋問　たとえ新聞に誤りがあったとしても、すぐに確認できることだ。ところでジュゼッペ・トゥルコとは誰か。
ルキーニ　ジュゼッペ・トゥルコか。トゥルコはナポリの『ドン・マルツィオ紙』の発行人だ。
尋問　彼は無政府主義者か。
ルキーニ　いいや、まったくそうとは思えない。
尋問　彼と知り合いなのか。おまえは彼の友人なのか。
ルキーニ　私は彼の知り合いではない。それに彼の友人でもない。
尋問　ではなぜおまえは彼に手紙を書いたのか。

ルキーニ　トゥルコ氏であればきっと私の手紙を掲載する勇気を持っていると思ったからだ。
尋問　どうして『ドン・マルツィオ紙』なのか。何か特別な理由があるのか。
ルキーニ　『オッセルヴァトーレ・ロマーノ紙』よりはましだろう。ただあなたは『ドン・マルツィオ紙』も無政府主義の機関紙ではないと言いたいかもしれないが。
尋問　なぜおまえは手紙を書いたのか。
ルキーニ　なぜかだと。私がなぜ襲撃を実行したのか世間に知ってもらって、私が精神に異常をきたしているのではないことを証明するためだ。

九月一四日の尋問

九月一四日、ルキーニはスイス連邦大統領宛てに自ら死刑を求める手紙を書いた。ジュネーヴでは死刑が廃止されていたからである。手紙の末尾の署名には「最も危険な無政府主義者の一人」という言葉が添えられていた。
ルキーニはさらにもう一通の手紙を書いた。宛先はダラゴナ公夫人である。手紙には以下のように綴られていた。

私にはあなたに手紙を書く資格がないことはわかっています。しかし、私は手紙を書いています。なぜなら私はあなたと同じ階級に属する者たちがほかの人間を虐げているという邪悪な行為と戦わなければならないからです。それに私には話せる口があり、あらゆる人びとに私が同胞であることをわかってもらいたいからです。真の共産主義者として私はもはや不公正に耐えられません。真の博愛主義者として私は、新しい太陽が昇ってあらゆる人びとのために等しく輝く日が遠くないとあなたに伝えます。

私自身は新しい太陽も古い太陽も見られなくなると十分にわかっています。この世に生を享《う》けて二五年になりますが、私は十分に太陽を見てきました。奥さま、私は今ほど満足したことはなかったと心（ありのままの心、もしくは良識ある心）から申し上げます。それから私はできればルツェルン州［スイス中部にある州で死刑制度があった］で裁判を受けたいと公言しています。スイス連邦大統領にも直訴しました。

［中略］

なぜなら私はギロチンに至る階段を上りたいからです。介添えは必要ありません。もし要望が認められなければ、私は美しいレマン湖の下に地下牢を造ってほしいと判事に求めます。邪悪な王たちが我が物顔で太陽の下に居座るのを見たくないからです。

書かなければならない手紙がまだあること、そして今、自分に合っていると思われる本を読むのにとても忙しいことを伝えて手紙を締めくくりたいと思います。本の題名をご笑覧いただきましょうか。それは『両世界評論』［フランスの文芸誌］です。すばらしい格言［皮肉を込めた表現。そもそも『両世界評論』は保守色の強い文芸誌なのでルキーニの思想とは相容《あいい》れない］が含まれています（ただすべてそうではないのが残念です）。ルキーニが必要としているものです。警句を一つ紹介しましょう。「無政府状態で人間として生きるくらいなら平和の中で犬として生きるほうがましだ」。奥さま、すばらしいと思いませんか。さらにもう一つ紹介します。「法を尊重することから平和が生まれる」。これに付け加えるべきことはほかに何もありません。著者の名前がないのが残念です。毎晩、彼のために祈りを唱えることもできたのに。本当に時間が足りません。

九月一四日も引き続き尋問が実施された。予審判事のレシェはジュネーヴ慈善食堂の関係者を呼んでルキーニの面通しをさせた。するとジュネーヴ慈善食堂の関係者は、正午前にルキーニがじゃがいもを貯蔵庫に運ぶ手伝いをしてくれたと述べたうえ、ピエトロ・グアルドゥッチも一緒にいたと証言した。グアルドゥッチは無政府主義を論じる機関紙の編集者として知られていた人物である。

慈善食堂の関係者による証言に対してルキーニはグアルドゥッチの存在を否定しただけではなく、「エヴィアン［‐レ‐バン］から［ジュネーヴに］戻ったのは午後だ」と答えた。しかし、慈善食堂の関係者は午前一一時一五分過ぎにルキーニと確かに言葉を交わしたと断言した。するとルキーニは「その頃、私は汽船に乗ってエヴィアン［‐レ‐バン］からジュネーヴに向かう途中だった」とさらに反論を加えた。

九月一五日の尋問

九月一五日、ローザンヌで逮捕されたマルティネッリやポズィオなど四人のイタリア人に対する事情聴取が実施された。四人はそれぞれルキーニの共犯者ではないかという嫌疑をかけられていた。

マルティネッリはルキーニが無政府主義者であることを知らなかったと供述した。凶器となったやすりに柄をつけたことは認めたが、ルキーニの使用目的について知らなかったと述べ、共犯者ではないと断言した。

またポズィオはルキーニから無政府主義についてよく聞かされていたが、自分は無政府主義者ではないと否定した。ポズィオはルキーニを「ストゥピド」と呼んでいたという。「ストゥピド」はイタリア語で「正気を失った者」の意味だが、「愚か者」という意味もある。なぜルキーニにそのような呼び名がつけられたのか。ポズィオによると、ルキーニはまるで「ニトログリセリンの瓶」のように不注意に扱うと爆発するからである。ポズィオはルキーニが何らかの襲撃計画を思いついたことを薄々察していたが、具体的なことは何も知らなかったと主張した。

残る二人はルキーニが常に本を読んでいたことや頻繁に洗濯していたこと、歌が上手であったことなどを証言したが、いずれも共犯者ではないと弁明した。

四人のイタリア人に対する事情聴取が進められている間にルキーニはサン゠タントワーヌ監獄で手

紙を書いていた。今回の宛先は『ガゼッタ・ディ・パルマ紙』の発行人である。発行人個人ではなく新聞の読者である上流階級に訴えかける内容になっている。

この手紙で私は自分がなぜ人類に恩恵を施す者なのか、そして自分がなぜ「無政府主義者」という称号を帯びているのかおまえたちに説明しよう。おまえたちは私を恐れる必要はない。

［中略］

［ナポリ南西部にある］ポジッリポの通りで息絶えている者が発見された。どうやら女だったようだ。彼女はなぜ死んだのか。我々の同胞はすべて飢えて死ぬことを強いられているからだ。それでもまだおまえたちは我々が行こうとしている道を塞ごうとするのか。人殺しどもめ。おまえたちは人間の血で渇きを癒やしている。それでもどうして私はおまえたちを殺そうとしないのか。その値打ちもないからだ。その値打ちもないからだ。

［中略］

おまえたちが心付けとして煙草を給仕に与えても十分ではない。給仕にはおまえたちの朽ちた家を支える暇などもうない。朽ちた家がおまえたちの頭上に落ちてくるだろう。

［中略］

おまえたちとおまえたちの仲間たちが我々から卑怯にも奪い取った太陽をまた見るくらいなら独房の隅に頭をぶつけて暮らしたほうがましだとくり返し言っておきたい。

手紙の末尾には署名とともに「無政府主義の思想に強い確信を抱く者」という言葉が添えられていた。

四人のイタリア人に対する事情聴取が終わった後、ルキーニの尋問が開始された。

尋問　おまえの共犯者の一人を収監したと伝えよう。
ルキーニ　共犯者はいない。
尋問　罪を自白している。
ルキーニ　そんなことはあり得ない。皇妃を殺したのは私だ。ほかの誰でもない。
尋問　共犯者のマルティネッリがおまえのために柄を削ったやすりでな。
ルキーニ　それは確かに本当だ。マルティネッリが柄を付けたのは。
尋問　自分で柄を付けたとおまえは我々を信じさせようとしたではないか。
ルキーニ　違う。柄を付けたのはマルティネッリだ。しかし、マルティネッリは私が何のためにやすりを必要としているのか知らなかった。
尋問　マルティネッリは完全にわかっていた。直ちに何もかも白状したほうがいいぞ。
ルキーニ　柄がないと力を入れられなかった。そこで私はマルティネッリのもとに行った。その武器で何をしようとしているのか彼は私に尋ねた。自衛のために必要だと私は彼に答えた。

後にルキーニは、暗殺計画を知らなかったにもかかわらずマルティネッリが自分のせいで二カ月も収監されることになって残念に思ったと述べている。

尋問　おまえは嘘をついている。皇妃を殺すのに短剣を使ったと我々を信じ込ませようとしたのはなぜか。マルティネッリを庇《かば》いたかったからだろう。マルティネッリはやすりの用途を知っていた。知っていたにもかかわらず、彼はおまえを助けることにした。そのため彼はおまえの共犯者になった。

ルキーニ　マルティネッリは無政府主義者ではない。

尋問　ローザンヌにはそれとは正反対のことを言っている者たちがいる。

ルキーニ　それなら彼らは嘘をついている。

尋問　ここに嘘をついている者が一人だけいる。それはおまえだ。我々はおまえの共犯者たちを発見するだろう。一網打尽だ。何とでも言うといいさ。我々はおまえたちを法廷に立たせる。我々を馬鹿にするな。

ルキーニ　共犯者などいないし、私は嘘をまったくついていない。

尋問　おまえはヴヴェイで何をしようとしていたのか。

ルキーニ　ヴヴェイでとは。

尋問　おまえはヴヴェイに行ったはずだ。独りではなく友人と一緒だった。おまえはもう一人の共犯者のポズィオとともに短剣を買いに店に行った。おまえはそれを我々に伝えるのを忘れていた。

ルキーニ　それは重要なことか。我々は短剣を購入していない。

尋問　その短剣を使っておまえは襲撃を実行したいと考えていた。ポズィオはそれを知っていた。まだあるぞ。おまえはヴヴェイからコーへ走って行った。ヴヴェイからコーはそれほど離れていないからな。もしおまえたちが短剣を購入できる金を持っていれば、きっとそこですぐに襲撃を実行していたはずだ。コーにはホテルが一軒しかない。したがって、コーに行けば暗殺できる可能性がジュネーヴよりも高かった。凶器を購入できなかったので、共犯者のポズィオが皇妃を尾行し、その間、おまえは近くに身を潜めて様子をうかがっていた。犠牲者の特徴を記憶に刻みつけるために。おまえが皇妃を初めて見たのはブダペストではなくコーだ。

八月三〇日から九月九日朝までエリザベートはコーにあるグラン・オテルに滞在していた。なお九月二日か三日にグラン・オテル付近でルキーニを見たという証言者が現れたが、面通しの結果、人違いであることがわかった。

ルキーニ　無理に信じてもらおうとは思わない。私は人生で一度もコーに行ったことがない。私が殺したかったのはアンリ・ドルレアンだ。アンリ・ドルレアンを見つけられなかったので皇妃を狙うことにした。彼女を殺したのは私が無政府主義者だからだ。ポズィオとマルティネッリは無政府主義者ではない。彼らに聞いてみるとよい。彼らはマラテスタ［イタリアの無政府主義者。無政府主義者たちによる大規模な襲撃計画の首謀者と見なされていた］が誰か知らない。バクーニンもクロポトキン［ロシアの無政府主義者］も知らない。彼らは何も読まず、何も学んでいない。彼ら自身の姿が現代の不愉快で卑しく嫌悪を催すような人びとを体現している。
尋問　今日はもうこれで十分だ。

九月一六日の尋問

のらりくらりと追及をかわすルキーニに予審判事は業を煮やしたらしい。先に押収されていた「無政府主義の賛歌集」がルキーニに突きつけられる。「無政府主義の賛歌集」に書き込まれた内容こそルキーニと無政府主義者たちの組織の繋がりを裏付ける動かぬ証拠だと予審判事は確信していたからである。それに各所からほかにも証拠が集まっている。さすがのルキーニも観念して背後関係を白状するしかないと当局は意気込んでいたようだ。

尋問　おまえがまだ多くのことを隠していると私にはわかっている。それにおまえが嘘の半分混じった事実を話してきたと私にはわかっている。今朝まで私はおまえを何度か信じてしまっていた。ただ今度はそうもいかないぞ。
ルキーニ　私はあなたに事実を伝えようと努めてきた。
尋問　私はそうは思わない。さてここにおまえの「無政府主義の賛歌集」がある。
ルキーニ　私の賛歌集だ。それは誰かが私から取り上げた賛歌集だ。

尋問　そのとおり。おまえがこれを書いたのか。
ルキーニ　写しただけで私が書いたものではない。しかし、自分で写した。
尋問　どういう経緯でこれが警察の手に渡ったのか。
ルキーニ　ローザンヌにいた時、夕方になると私はモンブノン広場［ローザンヌ中心部にある広場］の近くにある公園でしばしば過ごしていた。いつも仲間たちとそこで落ち合って一緒に歩きながらさまざまなことを話し合った。あるいはベンチに座って読書をすることもあった。暗くなってしまうと、私は読んだことについて熟考した。八月一六日、私がただ静穏にベンチに座っていたところ、巡回の警官が公園を横切った。すでに真っ暗になっていた。警官は私のほうに向かって来ると、身分証明書の提示を求めた。身分証明書を持っていなかったので私は警察分署に連行された。私のポケットは捜索を受けた。私の手帳が取り出されて押収された。翌日、身分証明書を持って外国人局に出頭するように私は命じられた。命じられたとおり私はそこに行って手続きを終えたが、私の賛歌集を返してもらえなかった。
尋問　ローザンヌの外国人局で八月一六日に書かれた調書がここにある。調書によると、おまえはローザンヌでの滞在は二週間だと供述している。しかし、おまえは五月二〇日以来ずっとそこにいたと我々に言った。
ルキーニ　そのとおりだ。
尋問　何がそのとおりか。
ルキーニ　私がローザンヌに到着したのは五月だ。

尋問　なぜ外国人局でそれと違うことを言ったのか。
ルキーニ　到着した時に外国人として登録しに行かなかったからだ。そこで町にいたのは数日だけだと言ったほうがいいと思った。
尋問　おまえの言ったことを確認する手段はいくらでもあるぞ。
ルキーニ　もし私がローマまでの旅費として五〇フラン持っていたら、オーストリア皇妃はまだ生きていたかもしれない。

「無政府主義の賛歌集」にはイタリア国王ウンベルト一世の名前が記されていた。つまり、ルキーニがローマまでの旅費を持っていてウンベルト一世を襲撃していればエリザベートは標的にならずにすんだということである。

尋問　おまえはそれをすでに言ったはずだ。
ルキーニ　アッチャリトよりもうまくやれたはずだ。ウンベルト［一世］の肋骨の間にナイフを深く突き刺していればきっと即死させられただろう。
尋問　私の話を聞け。手帳を見ろ。おまえのもとから押収された時と同じ状態か。何も変わっていないか。何も足されていないか。
ルキーニ　これは私の手帳だ。
尋問　けっこうだ。ではおまえがリヨンで何をしていたか説明してもらえるか。

ルキーニ　リヨンでとは。

尋問　手帳にはおまえが四月二五日にリヨンにいたと書かれている。六月五日、九日、そして二六日はジュネーヴ……二一日はモントルー［レマン湖の東側にある町］……七月二二日と二三日はチューリヒ……二日と二九日はベルン……八月四日はトノン［-レ-バン］［レマン湖南岸にあるフランスの町］……。

ルキーニ　私はトノン［-レ-バン］に一度も行ったことがない。

尋問　確かにここにそう書かれている。おまえが書いたものだろう。

ルキーニ　私がそれを書いた。そのとおりだ。しかし、それは想像で旅をしただけだ。ただの空想にすぎない。実のところ、私はずっとローザンヌにいた。

尋問　ヴヴェイに仲間のポズィオと行ったのではないか。それは何のためか。

ルキーニ　ただの遠出だ。

尋問　その遠出は六月二〇日のヌシャテルへの遠出や二一日のモントルーへの遠出のようなものか。

ルキーニ　違う。私はずっとローザンヌにいた。

尋問　嘘をつくな。おまえは自分の旅を記録につけている。この手帳に。

ルキーニ　確かにそうだ。しかし、それは空想上の旅だ。サン・フランシスコ……上海……北極など空想上の旅を記録につけていた。

尋問　しかし、おまえはチューリヒやヌシャテルに言及している。どちらも簡単に行ける場所だ。

ルキーニ　私はどちらにも行っていない。ずっとローザンヌにいるのが残念に思えて、いつも行ってみたいと思っていた場所について空想を始めた。それにほかの時代についても。それらをすべて書き留めていただけだ。

尋問　四月二五日におまえはリヨンにいたな。なぜだ。

ルキーニ　知らない。

尋問　しっかりと思い出せ。なぜおまえは四月二五日にリヨンにいたのか。そこに誰がいたか。無政府主義者たちの集会か。

ルキーニ　知らない。

尋問　七月二二日と二三日になぜチューリヒに行ったのか。説明しろ。

ルキーニ　説明できない。私はチューリヒに行っていない。私はずっとローザンヌにいた。

尋問　手帳に書き留めた町に行きたいとおまえは言った。それなりの理由があったに違いない。

ルキーニ　いや、特に理由などない。何もない。日付も架空だ。誓ってそうだ。

尋問　よかろう、その件は置いておこう。おまえがマテイの下宿屋を出発した後、そこで押収された文書がここにある。おまえはジュネーヴ行きの汽船や汽車の時刻を書き留めていた。

ルキーニ　私はジュネーヴに行きたかった。汽車の出発時刻を知りたかった。それに汽船の出発時刻も。鉄道で旅をするか、船で旅をするか決めかねていた。

尋問　ではまったく違う方角に向かう［汽船や汽車の］出発時刻もなぜ書き留めていたのか説明しろ。モントルー行き。テリテ行き。それにコー方面行き。

ルキーニ　仕事もなく時間をつぶす術《すべ》もない時に人間は何かすることを見つけて気を紛らわせるも

のだ。何でもかまわない。だから私はそれらを書き留めた。
尋問　それはけっこうなことだな。
ルキーニ　（沈黙）。
尋問　おまえがなぜモントルーに向かう［汽船や列車の］出発時刻を書き留めたか理解するのは難しくないことだ。皇妃がジュネーヴに来なかった場合におまえはそこに行こうとしていた。
ルキーニ　私はすでに理由を話した。ほかに理由などない。
尋問　そのような言葉は信用できない。［今日は］これまでだ。

九月一九日の尋問

三日前の尋問で当局が決定打をくり出したにもかかわらず、ルキーニは観念しなかった。精彩を欠いた予審判事であったが、尋問を続ける必要がある。どのような小さな糸口であろうと摑み取り、ルキーニの鉄壁の防御を突き崩さなければならないと予審判事は気を取り直したようだ。

尋問　おまえは兵役で勲章を授与されたことを誇りにしていたように思うがどうだろう。どのような理由でおまえは勲章を授与されたのか。
ルキーニ　私が参戦すらしていない敗北した戦闘に関して授与された。アドワの戦いとして知られている。実際に戦闘が起きたのはセヴィだ［ルキーニの言及している地名がどこを指すかは不明だが、戦場はアドワの町の北東部にある狭隘《きょうあい》な山間部であった］。一八九六年三月一日のことだ。一〇万人のエチオピアの強者たちが二万人の不運なイタリア兵を虐殺した。その時、幸運にも私は五〇〇人の戦友たちとともに悪臭を放つ小さな輸送船に乗っていた。我々はパレルモからエリトリア［エチオピア北部、当時はイタリアの植民地］に向かう途中だった。我々は戦闘に間に合わず、敗北を見るために行ったようなものだ。ほかに受け取れるものが何もなかったので我々は勲章を授与された。それだけだ。

尋問　おまえはおかしな別れの告げ方をしている。ヴェルソワにいる友人のパピにまだ八〇フランの借りがあると……。

ルキーニ　パピにではなくオテル・ド・ラ・バランスに借りがあった。

尋問　おまえはローザンヌのマテイの下宿屋に三〇フランの借りがある。それに一八九四年に支払いを済ませずにおまえは姿を消した。

ルキーニ　チューリヒでの話か。おそらく下宿屋の主人の名前はベネシュだったように思う。

尋問　まさにそのとおりだ。その男の名前はベネシュだ。おまえにもよく覚えていることがあるようだな。おまえが支払えるお金を持っていると確信したベネシュはおまえに対する訴状を提出することにした。

ルキーニ　借金の支払いを求めて彼は私を告訴したのか。罪を償ったらすぐにチューリヒに支払いに行くと彼に伝えてほしい。

尋問　今日はおまえの記憶がはっきりしているようなので、ジュネーヴでおまえが過ごした最初の二晩に関する話に戻りたい。九月五日から六日にかけての夜と九月六日から七日にかけての夜だ。
ルキーニ　私は覚えていることを全部すでに話した。

九月二六日の尋問

背後関係を立証する決定的な証拠はまだ見つかっていない。予審判事は些末事を取り上げ、なんとか無政府主義者たちとルキーニの繋がりを探り当てようとした。

尋問　グエルツォラという男をおまえは知っているか。
ルキーニ　グスタヴォか。
尋問　グスタヴォと呼ばれることもあるようだな。それでその男は誰か。
ルキーニ　私と同じ連隊の兵士だった。彼が私に何か書いてよこしたのか。
尋問　いいや。彼はおまえの友人か。
ルキーニ　友人か「どうかと聞いているのか」。
尋問　そうだ、友人かどうかだ。答えろ。
ルキーニ　グスタヴォは私の育った場所からあまり離れていない村の出身だ。

尋問　それで。
ルキーニ　それですべてだ。
尋問　さらに彼は無政府主義者だ。おまえはそれを私に言うのを忘れている。
ルキーニ　いいや、グスタヴォは無政府主義者ではない。
尋問　ではどうしておまえは無政府主義の雑誌を彼に送ったのか。
ルキーニ　彼と知り合いだったからだ。無政府主義の雑誌は知り合いにしか送っていない。

一〇月三日の尋問

新たな情報を摑んだ予審判事は今日こそ背後関係をルキーニに白状させようと気負い立つ。まず無難な話題から始めてルキーニの警戒心を緩める。それから不意に共犯者として逮捕された者たちの名前を出してルキーニの反応をうかがう。ルキーニが観念して洗いざらい話せば、共犯者として逮捕された者たちを有罪にできるばかりか、芋蔓式にさらなる背後関係を明らかにできるだろう。予審判事の思惑どおりに事が進むのか。

尋問　おまえの知人だという［パオロ・］ビニャミという男がグラン・サン・ベルナール峠にある修道士たちの救護院でおまえと一緒にいたことがあると言っている。

機械工のビニャミによると、ルキーニに出会ったのは一八九八年四月中旬のことである。したがって、四月にアルプスを越えたというルキーニの言葉と合致している。

ルキーニ　ビニャミ……。その名前は知らないが、あなたが誰のことについて言いたいのかわかった。彼はシオン［スイス南西部にある町］から来たように思う。彼はイタリアに帰りたがっていた。哀れな奴だ。間抜けだ。彼はきっと仕事を見つけられると思ってイタリア中を放浪していた。まともな暮らしをしようとイタリア人さえ一日中ずっと駆けずり回っている場所を。

尋問　彼はどうなったか。

ルキーニ　わからない。我々はマルティニで別れた。彼は独りで行ってしまった。

尋問　おまえは外人部隊に本当に入るつもりだったのか。

外人部隊とはフランス外人部隊のことである。ルキーニがグラン・サン・ベルナール峠の救護院にいた時、そこにいたフランス人の旅人に外人部隊の編成について熱心に聞いていたとビニャミは証言している。

ルキーニ　そうだ。もし騎兵隊に配属してくれるなら外人部隊に入りたかった。そうでなければ入るつもりはなかった。

尋問　なぜそうしようと思ったのか。
ルキーニ　外人部隊には社会のはみ出し者たちがいた。誰からも求められなかった者たちだ。すべての人びとから拒絶された者たちだ。
尋問　それが理由なのか。確かな筋からの情報によると、おまえの仲間のポズィオはヴヴェイだけではなくトノン［ｰレｰバン］にも同行した。それも一度ではない。たとえば九月六日だ。バルボッティもそこにいた。

ヴィットリオ・バルボッティはルキーニの共犯者として逮捕された旋盤工である。余罪の係争中であったためにしばらく勾留された後、イタリアに強制送還された。

ルキーニ　その件についてはまったくわからない。
尋問　それは驚きだ。九月六日におまえがトノン［ｰレｰバン］にいたと彼が言ったからだ。
ルキーニ　九月六日に私がいたのはトノン［ｰレｰバン］ではなくジュネーヴだ。
尋問　おまえは何度もそのように私に言った。しかし、それとは正反対の情報を私は握っている。九月六日、おまえはトノン［ｰレｰバン］で開かれた無政府主義者の集会に招かれた。そして、そこで皇妃を暗殺する企てを実行するように求める指示を受けた。
ルキーニ　そんなことを言った者は嘘をついている。
尋問　私はおまえと異なる意見だ。ペロン通りのセンシという仕立屋を知っているか。

ルキーニ　知らない。

尋問　おまえが彼の家で食事していたという正反対の報告が私に寄せられている。グアルドゥッチおよびシルヴァと一緒だったはずだ。

ルキーニ　知らない。

ジョヴァンニ・シルヴァはイタリア北西部ピエモンテ州出身の染色工である。シルヴァは逮捕された後にいったん釈放されたが、匿名の通報によってルキーニの共犯者として再逮捕された。シルヴァは無政府主義者でもなく共犯者でもないと主張した。しかし、シルヴァの手帳から凶器の図が発見された。シルヴァは新聞から写し取っただけだと弁明した。結局、シルヴァは嫌疑不十分で釈放された。

尋問　ではチャンカビッラは。

ルキーニ　知らない。

尋問　チャンカビッラを知らない無政府主義者などいるはずがないだろう。

ルキーニ　彼の書いたものを何か『ラジタトレ紙』で読んだかもしれない。

ジュゼッペ・チャンカビッラは言論活動を展開していたイタリアの無政府主義者である。尋問の言葉にもあるように、チャンカビッラは無政府主義者の中で名が通った人物であり、無政府主義に関心を持つ者なら知らぬはずがない人物である。

尋問　夜におまえはローザンヌのモンブノン広場で彼に会っていたな。
ルキーニ　会っていない。
尋問　社会主義クラブの騒動でガリノが……姿を消して以来、無政府主義者たちがそこで会っていたことを知っているだろう。おまえ自身もモンブノン広場で警官に職務質問された。仲間たちと会う必要がなければ、なぜそんなところを歩き回っていたのか。

社会主義クラブの騒動とはローザンヌのマドレーヌ通りにあったイタリア社会主義クラブで八月八日に開催された集会で会計担当のガリノという人物が資金を横領していたことが発覚して起きた騒動である。そのような些末な事件まで把握していることは当局が幅広い情報を収集していたことを示している。

ルキーニ　ほかの無政府主義者たちとは何の繋がりもない。
尋問　なんと厄介な奴だ。おまえはずっと同じ話をするだけだ。共犯者を危険にさらさなくても話せることはいろいろあるだろう。
ルキーニ　共犯者など一人もいない。
尋問　残念だ。おまえはきっと聞き分けがいいはずだと私は期待していたのに。

一〇月四日の尋問

一〇月四日は最後の尋問となる。本来、予審判事による尋問は事件を裁判にかけるか否か決定するために実施される。しかし、今回の場合、それは最初から問題ではなかった。このような重大事件を裁判にかけずにおくことはあり得ないからである。やはり焦点となるのは共犯者の存在である。共犯者は誰か。無政府主義者たちの道具として利用されたことをルキーニに悟らせれば、共犯者について白状するかもしれないと予審判事は思いついた。そこで予審判事はある労働者の手紙を使ってルキーニに揺さぶりをかけることにした。

尋問　おまえが私を手玉に取ろうといろいろ考えている間に私はおまえを導く思想について学んだ。無政府主義のことだ。それに私は、無政府主義についてよく知っているうえにおまえのように鸚鵡返しを続けたりしない者たちから話を聞いてきた。無政府主義を否定するとはっきりと伝えておこう。それは非現実的な空想であり、その信奉者にとって悲劇でしかない。おまえが私の意見に共感してくれるとは思えないので、おまえ宛てに送られてきた手紙を読み上げよう。

ルキーニ　どうして私に郵便物を渡してくれなかったのか。いつまで私の手紙を差し押さえておくつもりなのか。

尋問　後でおまえにすべて引き渡す。
ルキーニ　それはいつか。
尋問　尋問を終えたらすぐに。

このように答えているのは、尋問が終わるまで未決囚に郵便物を渡すことを禁じる規定があったからである。

ルキーニ　それはいつになりそうか。
尋問　もうすぐだ。一介の労働者がおまえのことをどう思っているのか知ってもらいたい。おまえと同じような労働者だ。この手紙はローザンヌから送られている。

拝啓、ルキーニ氏。
きっと今、あなたは冷静になっていると思うので、一介の労働者の書いたこの文章を読んでくれるはずです。あなたの犯罪がどのような目的で実行されたのか考えてみましょう。
あなたは無政府主義者だと主張しています。しかし、無政府主義者を名乗る連中の三分の一は残忍な人間であり、残りの三分の二の大多数も狡猾《こうかつ》で用意周到な人間であり、あらゆる手段を使って不穏な状態、つまり、革命の恒久的な温床を守ることにしか興味がないと私は断言します。
有産階級の世界の破滅と政府機構の終焉が予言された夢物語をあなたは誰かから吹き込まれた

に違いありません。その目的を達成するためなら、あらゆる手段が正当化されます。爆弾やナイフなど。親愛なるあなたよ、あなたの頭はそうした言葉の奔流や「破壊せよ」「武装せよ」という教えでいっぱいになったのでしょう。その後、残忍な乱暴者であるあなたはやすりで卑劣な犯罪を実行しました。そのような犯罪を実行する者は無政府主義者しかいないでしょう。

あなたは何と卑劣なのでしょうか。それに愚かです。まるであなたは自分の破壊活動によって人びとを扇動して、語りかけているかのようです。盗め、放火しろ、襲撃せよと勧められている諸君、さあここに火も爆弾もナイフもある。ここに手段がある。議論もよいが、行動も必要だ。最も賢い者が行動を始めなければならない。思想家たちの三分の二は行動しないだろう。なぜなら彼らは大切な命を惜しんでいるからだと。

この手紙を書いている者が何を言っているのかあなたは理解していますか。あなたは計算高い者たちの犠牲者です。彼らはあなたの勇気と絶望を利用して、彼ら自身が決してできないことをあなたに実行させました。彼らは愚か者を探していて、あなたを見つけました。ルキーニよ、あなたは彼らの口車にのせられただけです。彼らにだまされました。単なる道具として利用されたのです。

ルキーニ宛てに届いた手紙の圧倒的多数がこのように犯行を厳しく糾弾する手紙であった。ルキーニを賞賛するごく一部の手紙はそのほとんどが無政府主義者から寄せられたものであった。ただ無政府主義者の中にも犯罪行為によって無政府主義を貶《おとし》めたとしてルキーニを非難する者がいた。

ルキーニ　あなたは嘘をついている。これは労働者の手紙ではない。彼はプロレタリアートの反逆者だ。隷従者だ。生まれつきの奴隷だ。誰も私を利用などしていない。私は単独かつ自分の意思で行動した。命令を下したのは私自身だ。ほかの誰からも命令を受けていない。このままではこの世界は生きるに値しない。この世界を破壊しなければならない。

尋問　おまえは全世界に破滅をもたらすようなことは何もしていない。そんなことを考えるな。どうせできやしない。手紙を書いた者もそれをよくわかっている。

手紙を締めくくる前に私は、あなたの言葉が労働者たちにほとんど感銘を与えなかったと断言しておきます。どのように悲惨なことがあろうとも、我々は耐えなければなりません。四世紀か五世紀を経た後、あなた方が歴史の流れをうまく変えて支配者になれたとします。あなた方が恐ろしい大虐殺を引き起こした後に何が起こるでしょうか。きっとあなた方は言うでしょう。働かざる者、食うべからずと。寄生虫はもういらないと。でもあなた方が最初の新しい寄生虫になるでしょう。そして、あなた方は殺し合うことになるでしょう。

ルキーニ　彼はあまり賢くない哀れなろくでなしだ。この手紙はそういう奴にしか書けないだろう。

尋問　そんなことはない。では続けて彼が何と書いているのか聞くように。

あなたが実行した暗殺はあなたの大義を前進させるどころか後退させるでしょう。あなたは野獣のように追い詰められるでしょう。それはけっこうなことです。

尋問　この者は正しい。彼は明快に物事を洞察している。イタリアでは無政府主義者たちがこれまでよりも激しい迫害を受けたり厳しく罰せられたりしている。あらゆる国が無政府主義者たちに対して峻厳な法を制定しようとしている。今回の事件のせいでスイスは無政府主義者たちに対してあまりに寛容すぎたと全世界から糾弾されている。我々も峻厳な法を制定することになるだろう。おまえは自分が災厄と惨害を引き起こしただけだとわかっていないのか。それにおまえが沈黙を続けて共犯者を隠匿すれば禍根を残すだけだとわかっていないのか。

ルキーニ　共犯者はいない。

こうして尋問は終わった。司法当局はルキーニが単独犯ではなく無政府主義を信奉する組織に唆されて犯行に及んだと考え、なんとか背後関係を明らかにしようとした。しかし、ルキーニは背後関係について頑《かたく》なに口を閉ざし、何も漏らさなかった。当局はあらゆる手を尽くして捜査を進めたものの、状況証拠を除けば背後関係を立証する決定的な証拠を摑むことはできなかった。

裁判

一八九八年一一月一〇日午前八時三〇分、パレ・ド・ジュスティスの扉が開かれた。裁判の関係者のみならず報道陣や一般市民が傍聴席に詰めかけたせいで法廷は満員であった。

これからジュネーヴ重罪裁判所が開かれる。連邦国家であるスイスでは刑事訴訟と刑の執行は各州の管轄に属する。重大な刑事訴訟を扱う重罪裁判所は裁判官と一二人の陪審員で構成される。検事が被告人の罪状を告発し、弁護人が被告人を擁護する。最後に陪審団の評決によって有罪か無罪かが決定され、有罪の場合、裁判官によって量刑が言い渡される。

監獄から連れ出されたルキーニは法廷に隣接する一室に留め置かれた。裁判の開始を待つためである。ルキーニは「もし私のような無政府主義者が世界に数千人いれば、きっと王冠を戴《いただ》いた頭などすぐになくなってしまうだろう」と護送を担当した者たちに言った。

午前九時一〇分、裁判官が入廷した。その五分後、ルキーニの身柄は被告人席に移された。ルキーニは逮捕された時と同じ服装をしていた。すなわち、黒っぽい上着にソフト帽、シャツの代わりに横縞が入った黒いセーターを中に着ていた。これはトリコ・ド・マランという水夫が主に着用していたセーターである。

ルキーニの顔には不敵な笑みが浮かび、まるで他人の裁判に出廷するかのように気楽な様子であった。居並ぶ報道陣を前に「まさにこの私だ」と叫ぶ余裕さえあった。ただルキーニの指は神経質に動いていた。

まず籤引《くじび》きで四〇人の候補者の中から一二人の陪審員が選ばれた。続いて検事総長の起訴状が読み上げられた。それはルキーニの経歴と犯行についてまとめたものであった。起訴状が朗読されている間、ルキーニはまるで誰かを探しているかのように傍聴席を見ていた。もしかすると仲間を探していたのかもしれない。目当ての者が見つからなかったせいか、ルキーニは不安そうな表情になったが、すぐにまた不敵な笑みを浮かべた。起訴状の朗読が終わると、証人たちによる証言が続いた。昼休みを挟んだ後、被告人に対する尋問に移った。

尋問ではルキーニの要望で通訳がついたが、ルキーニはほとんど自らフランス語で話した。少なくとも兵役を務めていた頃からルキーニはフランス語とドイツ語をそれなりに話せたようである。ただ興奮するとイタリア語に戻ってしまうこともあったという。

尋問　ルキーニよ、九月一〇日一時三〇分過ぎにモン－ブラン湖岸通りで皇妃陛下を襲撃したことを認めるか。

ルキーニ　はい。

尋問　計画的な犯行か。

ルキーニ　はい。

ここで裁判官は「計画的な犯行」という用語について被告人に説明した。

ルキーニ　はい。

尋問　待ち構えていたのか。

ルキーニ　はい。

さらにルキーニは皇妃を殺すためにやすりを購入したのではなく、誰か要人を殺すためにやすりを購入したと述べた。続けてルキーニが失敗を避けるためにできる限りの手を尽くしたと言うと傍聴席は騒然となった。

尋問　共犯者はいるのか。

ルキーニ　断じていない。

尋問　おまえはアンリ・ドルレアン殿下を殺すためにエヴィアン－レ－バンに行ったのか。

ルキーニ　はい。私は『ジュルナル・デ・エトランジェ紙』を購入して情報を得た。

尋問　エヴィアン［－レ－バン］でおまえは誰かと話したか。

ルキーニ　いいえ。

尋問　皇妃を殺害する計画をおまえはいつどこで思いついたのか。

ルキーニ　その後だ。そうでなければ私はコーに行っていただろう。
尋問　おまえはなぜ彼女を殺そうと決めたのか。
ルキーニ　悲惨［な境遇］だったからだ。
尋問　しかし、おまえは悲惨［な境遇］ではなかっただろう。
ルキーニ　生まれた日に私は母親に捨てられた。
尋問　しかし、おまえは十分に世話してくれる家族に養育されたはずだ。
ルキーニ　私は九歳から働き始めた。私は学校ではほとんど学べず、孤児院で学んだ。
尋問　兵役に就いている際におまえは利口だと評価されていた。
ルキーニ　はい。ほかの場所でもそうだ。私が働いたあらゆる場所で。

裁判官は「どうしてあなたは皇妃がいたコーで犯行に及ばなかったのか」と尋ねた。

ルキーニ　私は皇妃がジュネーヴにいるのを新聞から知って犯行を決意した。
尋問　九月九日にオテル・ボ＝リヴァジュの前でおまえの姿が目撃されている。
ルキーニ　いや、私がいたのはオテル・ド・ラ・ペの前だ。私はアンリ・ドルレアンを見張っていた。
尋問　おまえはジュネーヴで誰かと会ったり話したりしたか。
ルキーニ　会ったり話したりした者たちはいたが、名前は知らない。

尋問　おまえはどこで皇妃の姿を知ったのか。
ルキーニ　ブダペストかウィーンで見たことがあった。
尋問　誰もおまえに皇妃の姿を示してくれなかったのか。
ルキーニ　誰もいない。私は皇妃の写真を持っていた。皇妃が鉄道と汽船のどちらでジュネーヴを離れるかわからなかったので、ずっとモン－ブラン湖岸通りで見張っていた。
尋問　おまえは誰かと話して情報を得たのか。
ルキーニ　特に情報は得ていない。貴婦人の服を持った従僕が先に出たのを見かけた。そこから推測した。
尋問　皇妃がやって来るのを見た時、おまえはすぐに皇妃だとわかったのか。
ルキーニ　そうだ。そうでなければ私は襲撃していなかっただろう。
尋問　モン－ブラン湖岸通りの絵葉書をダラゴナ公夫人に送ったか。
ルキーニ　私はそこでアンリ・ドルレアンを暗殺しようと考えていた。
尋問　ジュネーヴからいったん離れてまた戻ったのはなぜか。
ルキーニ　気まぐれだ。
尋問　仲間の無政府主義者たちから指示を受けたのではないか。
ルキーニ　そうではない。
尋問　おまえはいつから無政府主義者になったのか。
ルキーニ　兵役を終えた後から。

尋問　誰かに唆されたのか。
ルキーニ　いいや、私が自分で判断した。
尋問　どうしておまえはほかでもないスイスで犯行に及んだのか。ジュネーヴに死刑がないことをおまえは知っていたのか。
ルキーニ　まったく知らなかった。それなら私は死刑があるルツェルン［州］で裁判を受けたかった。
尋問　しかし、おまえは逃亡しようとして走り去ったではないか。
ルキーニ　いいや、私は警察署に行きたかっただけだ。

傍聴席は笑い声に包まれた。

尋問　おまえは犯行に及ぶことで何を成し遂げようとしたのか。
ルキーニ　私の人生の埋め合わせをするために。
尋問　いったいどのような結果になると思っていたのか。
ルキーニ　漕役刑になると思っていた。
尋問　おまえは犯行を実行するように脅されていたのではないか。
ルキーニ　いいえ。
尋問　おまえの名前が新聞に載っているのを見たか。

ルキーニ　まったく見ていない。
尋問　おまえの犯罪がいかに恐ろしいものか考えて悔い改めたか。
ルキーニ　いいや、まったく悔いることはない。有史以来［正確な訳は「一九の世紀」、すなわち紀元から現代までの一九〇〇年間］ずっと世界中の人びとを虐げてきた者たちは悔い改めていない。
尋問　もしおまえがやり直せるとしたら、また同じことをするか。
ルキーニ　もちろん、私はまた同じことをするだろう。

傍聴席がざわめきに満ちた。

ナヴァッザ検事総長はルキーニの犯罪を「復讐ではなく憎悪によって導かれた」卑劣な行為だと厳しく糾弾した。ナヴァッザはロンブローゾの生得的犯罪者説を否定するだけではなく、恵まれない環境のせいで犯行に至ったとする説も否定した。ナヴァッザによれば、犯行動機はルキーニ本人の「計り知れない虚栄心」であった。したがって、ルキーニには良心の呵責などなく、「仕事を成し遂げて満足した者の笑みがずっと顔に浮かんでいる」だけである。さらにナヴァッザは危険な無政府主義の蔓延に警鐘を鳴らした後、ルキーニに「死刑に劣らず厳しい刑罰、すなわち、世間から忘れ去られ、自分が犯した罪とともにずっと生きていかなければならないという刑罰」を科すように求めた。死刑が廃止されていたジュネーヴでは終身刑が最高刑であった。

一時休廷を挟んだ後、午後五時からルキーニの弁護人であるピエール・モリオによる口頭弁論が始まった。モリオはルキーニの責任が限定的であると主張した。またモリオは、ルキーニが無政府主義者に転向して暗殺者になったのは不幸な境遇が原因だと述べた。さらにモリオは、ルキーニが兵役で国家に奉仕したのに十分な見返りを与えなかったと指摘してイタリア政府の対応を批判した。最後にモリオは、もし皇妃がこの場にいたら復讐を求めるかどうか問いかけた。きっと皇妃は復讐ではなく慈悲を求めるだろう。したがって、被告人に復讐するべきではなく公正な処罰を与えるだけにとどめるべきである。

口頭弁論が終わると傍聴席から拍手喝采が送られた。一時間半に及ぶ口頭弁論の間、ルキーニの目から涙が流れ落ちていた。ルキーニは感情を抑えるためかポケットに両手を入れたままで涙を拭うそぶりすらしなかった。何か付け加えることはないかと裁判官に聞かれた時、ルキーニは満足しているので付け加えることは何もないと答えた。午後六時三〇分、審理はすべて終わり、陪審団は協議に入った。

一五分後、協議を終えた陪審団が入廷した。評決は全員一致で有罪であった。そして、裁判官が終身刑の判決を下した。判決を聞いたルキーニは「無政府主義、万歳。特権階級を倒せ」と叫んだ。午後七時、ルキーニは「無政府主義、万歳。社会に死を」という言葉を残して退廷した。ルキーニの言葉は、フランス議会を襲撃した罪で一八九四年に死刑になったオーギュスト・ヴァイヤンが処刑直前に叫んだ「ブルジョワ社会に死を。無政府主義、万歳」という言葉に影響を受けたものだと考えられる。

暗殺事件が起きてから結審までわずか二カ月であった。異例の速さである。たとえば一八八五年に起きたクタンス事件の捜査は一一カ月に及んだ。クタンス事件は母親が三人の我が子を殺害した重大事件である。ジュネーヴ中を震撼させたこの事件は発生日から重罪裁判所における結審まで実に一年以上かかっている。クタンス事件と比べると、暗殺事件の予審と裁判がいかに迅速に進められたかがわかる。

なぜ異例の速さで予審と裁判が進められたのか。それはジュネーヴ当局の焦りがあったからである。オーストリアの世論ではルキーニを極刑に処すために引き渡しを求める声が強かった。ウィーンでは「イタリア人は我々からパンを盗み、我々の皇妃を殺した」と唱えてイタリア人労働者の排斥を求める暴動が起きていた。そうした暴動は各地に飛び火し、イタリア人労働者に対する襲撃が相次いだ。その結果、ルキーニは仲間であるはずの多くのイタリア人労働者から恨まれることになった。

こうした混乱の中、ルキーニの身柄をオーストリア当局に引き渡せば処刑されることは間違いなかった。それは無政府主義者を過度に刺激する恐れがあるうえ、ルキーニに倣って暗殺を企てる追随者を生みかねなかった。暗殺者に追随者が現れる事例は先にフランスで出ていたので決して杞憂《きゆう》ではない。

そうした懸念に加えてジュネーヴ当局にとって、ルキーニをめぐる新聞報道の過熱は悩みの種であった。まずスイスの新聞による報道があまりに細部にまで至っていたので皇室に対する配慮に欠けているとオーストリア当局の顰蹙《ひんしゅく》を買っていた。またフランスの新聞はルキーニの犯行を無政府主義者たちによる大規模な襲撃計画の一環だと書き立てた。ヨーロッパ各地の新聞はスイスが永世中立を利用して多くの無政府主義者や政治犯を匿《かくま》っていると厳しい批判を浴びせた。報道の過熱がさらなる混乱を引き起こす前に早々に幕引きを図ることが肝要であった。

第4章

不審死

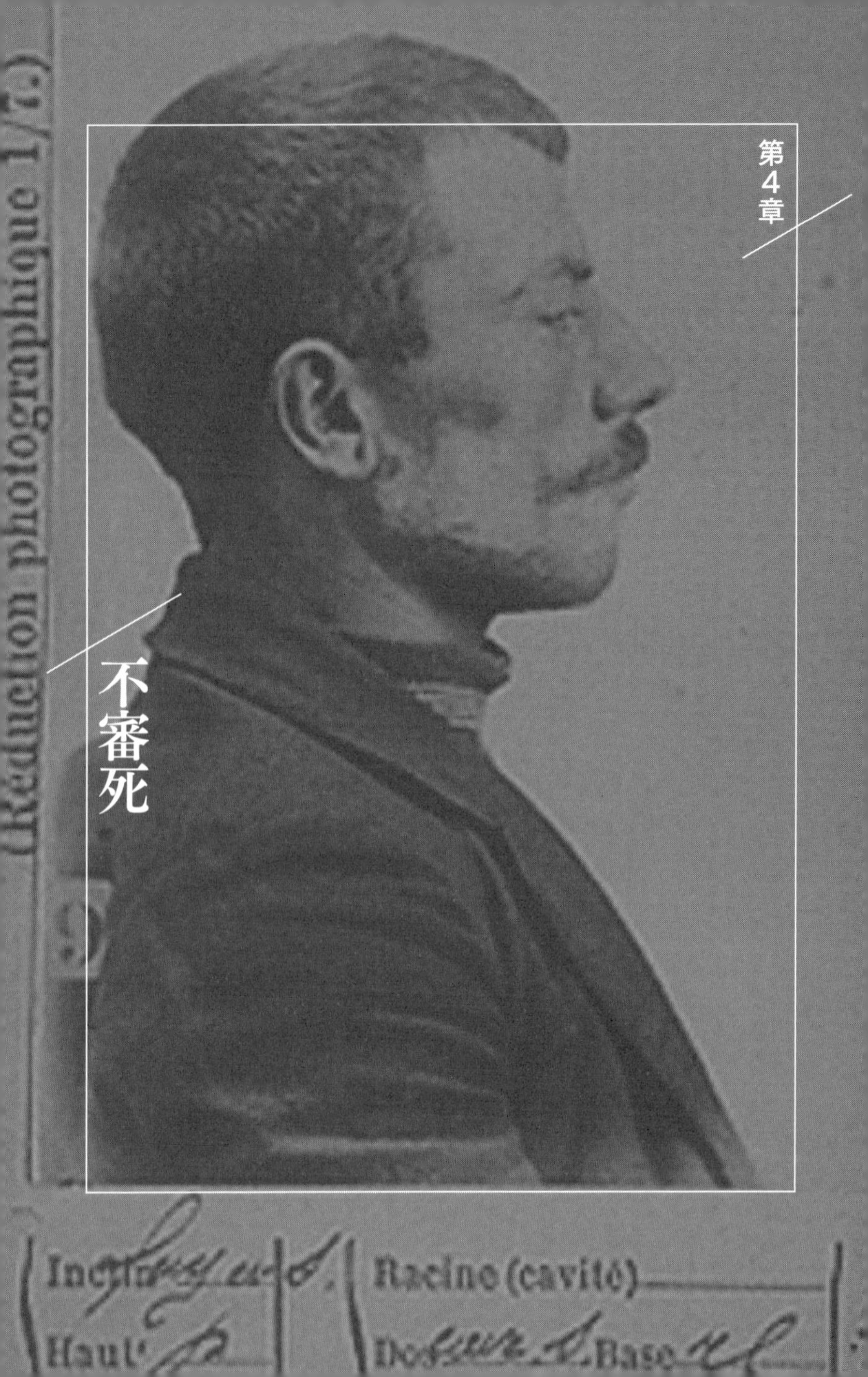

獄中生活

結審の二日後、ルキーニはラニエリ・デ・ヴェラ・ダラゴナ公に手紙を送った。手紙には判決を受けたルキーニの心境が綴られている。

私に関してスイス当局に証言していただいたことを感謝します。現実は厳しいものですが、私は前もって覚悟していました。私の幸先は良くありません。隊長閣下、私の将来は悲惨なものです。それをわかっていなかったとは言えません。それどころか、私はそれを求めていました。[中略]。私は仕事に倦《う》んだことはありません。私はずっと働いてきましたが、私の得た報酬を見るとどうでしょうか。別に大きな屋敷に住みたかったわけではありません。あなたのように専用客車に乗って鉄道で移動できる人びとを羨んでいたわけでもありません。劇場に行って二階正面席の一列目や二列目に座りたいと思ったわけでもありません。一人の人間としてまともに暮らせる機会を与えられていれば私は満足したでしょう。しかし、社会は私にそうする機会を与えてくれなかった。仕方がないことです。[中略]。祖国に兵士として奉仕して責務を果たすことができて幸せでした。それは私の責務でした。[中略]。肉親であり私と血を分け合った母親は私を捨てました。

彼女は私を家から追い出しましたが、私は彼女を赦します。隊長閣下、あなたから優れた兵士と認められたように監獄所長から模範囚として認められるように努めます。報告するべき上官がいるかのように、私は自分の責務を果たすことに専念するでしょう。善行を積んでも役に立たないとわかっています。しかし、それは問題ではありません。人を殺すことができるなら模範囚になることもできます。八〇歳になっても元気でいるでしょう。私は常にルキーニであり続けます。これ以上望めないほど優れた弁護人がいたとあなたに伝えられることを嬉しく思います。弁護人は私の全人生を再現しました。それ以外に私は何も望んでいませんでした。私は獄中で死ぬでしょう。刑罰を軽くするために言っているわけではありません。世界に生まれ出た瞬間からルキーニの人生をあらゆる人びとに知ってもらえて私は幸せです。［中略］。あなたと中隊全員に敬意を捧げます。あなたの名前が殺人犯の名前と一緒に載ったことを赦してください。

一八九八年一一月二一日午後一〇時四〇分、ルキーノはサン゠タントワーヌ監獄から連れ出された。ルキーニを護送する少数の一団はまずパレ・ド・ジュスティスの中庭を抜けて、ブール゠ド゠フール広場に行き当たった。広場からパサージュ・デ・ドグレ゠ド゠プールというトンネル状の通路に入り、六七段の階段を上りきるとサン゠ピエール大聖堂の前に出た。護送の一団は右方にある堅牢な建物に向かった。エヴェシュ監獄である。エヴェシュ監獄の建物は解体されて残っておらず、今はテラス・アグリッパ゠ドビニェになっている。これからルキーニは既決囚としてエヴェシュ監獄で終身刑に服することになる。

監獄に到着した新しい囚人は直ちに入浴させられた。それからひさしのないカロ帽、青いシャツ、九五という番号の入った上着、そして褐色のズボンが支給された。さらに監獄に入った時にすべての囚人は読み書き能力や算数などの「教育上の試験」を受けなければならなかった。ルキーニにも一二月に試験が課され、その結果が残っている。

作文では「親戚や友人に近況を伝える手紙」「上司に賃上げを求める手紙」「自分の人生について」「訪れたことのある町や工場などの説明」の四つの課題が提示された。三つ目の課題を選んだルキーニは以下のようにイタリア語で綴った。その時、ルキーニはフランス語がほとんど書けなかったからである。イタリア語の作文もお世辞にもうまいとは言えない。

私の人生について詳細に書こうと思うことは、まともな人間からすれば不適切なことかもしれない。あの恥ずべき女（私は彼女をそう呼んでいた）が私を産み落として見捨てたその日から私はもはやまともな人間ではなくなった。

当時の法律は誰に関してもそうであるように私に関しても尊重されたわけではなかった。王国の人民として歓迎されない無辜《むこ》の者たちに対してイタリア政府が設けている規定は残念なものだ。私が届けたいと望む人たちのもとに届けられるのであれば、私はいくつかの見解を述べたい。

月に七リラか八リラを支給して誰かに子供を預ける前に、法律で規定されているように子供が養育されるかどうかなぜ確認しないのか。それは私の養育のためのお金ではなかったのか。

何か技術を学ぶ便宜を図ってくれたり、日中、私が「働くために」家を離れていることを知って忠告してくれたりする人びとの手に預けられていれば、私はこのような状態になっているだろうか。まともに子供を食べさせられないような人びとに見捨てられた哀れな者たちを預ける代わりに、［孤児が一二歳から］六年間働いて一八歳まで孤児院にいられるようにするほうが利益になるのではないだろうか。それは私の身にも起きたことであり、九歳の頃に私が施された食物で何とかやりくりするために何をしていたか教えられる。見捨てられた無辜の孤児たちがルキーニと同じような末路をたどらないように貧しい者たちの境遇を改善する契機になれば幸いである。私が生まれつきの犯罪者や無政府主義者であると言うべきではない。それは間違いである。

この作文を読むと、回顧録の根底を流れるルキーニの思想がすでに盛り込まれていることがわかる。次に算数の問題は簡単な文章題が三問と勘定書の作成が一問であった。ルキーニは全四問の中で二問の不正解を出している。不正解はいずれも単純な計算間違いによるものである。『ガゼッタ・ディ・パルマ紙』（一八九八年九月一四日付）は、ルキーニの学業について「彼は非常に優れた知性を示した。特に計算が得意であった。そのため暗算をするように求められることがよくあった」と報じている。この記事からすると、ルキーニはそれなりに学業に優れていたようである。続いて地理の問題はイタリアの主要都市や産業に関して答える問題であった。ルキーニは詳細にわたって主要都市や産業について説明した。最後に公民の問題は国家や地方自治体の仕組みを答える問題であった。ルキーニは無政府主義を持ち出すことなく正しい答えを返している。

エヴェシュ監獄はA、B、Cの三つの区域に分けられていて、新しい囚人が落ち着いた先はB区域九五番の独房であった。それは新しい囚人を収容するための特別な独房であった。特別な独房の大きさは幅二メートル、奥行き三・五メートル、高さ三・五メートルであり、腰掛け、簡易ベッド、小さな棚、鏡、衣装掛けが備え付けられていた。通常、新しい囚人は特別な独房に一週間入った後、各共同作業場に振り分けられる。しかし、ルキーニはほかの囚人よりもずっと長く特別な独房に収容されることになった。それは重大かつ特殊な犯罪を実行したルキーニを隔離する必要があったからである。

起床は毎朝六時である。起床時刻は季節によって異なり、午前七時の場合もあった。それから午前八時までルキーニは九五番の独房に隣接する九四番の独房で黙々と作業をこなした。八時になると五〇〇ミリリットルのカフェ・オ・レが出された。正午になるとスープと野菜の昼食を摂った。夕食は午後六時であり、一リットルのスープのみであった。二日で二五〇グラムのパンが支給されたが、食事と合わせて食べることだけが許され、間食は認められなかった。この二日で二五〇グラムという支給量はカッポンの解説に基づいている。獄中のルキーニに接見したジュネーヴ駐在のアメリカ領事によると、パンの支給量は一日に二・一五ポンド（約九八〇グラム）であったという。どちらが正しい記述なのか詳細は不明だが、支給量はそれほど厳密に決まっていなかったのかもしれない。そのほかに毎週木曜日と土曜日の昼にルキーニも含めた全囚人に茹でた肉が提供された。

毎日二回、全囚人は監獄の狭い中庭に出て三〇分間歩行した。囚人たちは一列に並んで歩かなければならず、会話は禁止されていたが、作業場で得た賃金で買った煙草を吸うことは許されていた。ただルキーニはほかの囚人とは別に独りで直径二メートルの円形の空き地で歩いていた。

囚人は希望すれば日曜日に礼拝堂で催されるミサに出席できた。ルキーニは欠かさずミサに出席していたという。また聖職者が話をするためにルキーニのもとを定期的に訪問していた。

監獄には図書室があり、毎週日曜日に囚人は借りる本を選ぶことができた。日曜日は一日中、読書に充てることが許された。また夕食の時間も少しだけ読書に充てることが許された。ほかの囚人は図書室で本を見て選んで借りることができたが、ルキーニは図書室に入れなかったので要望を出して看守から本を受け取っていた。

一九〇〇年一月五日、隔離措置が終了した。ルキーニは製本の共同作業場に配属されることを望んでいたが、最初の配属先は靴作りの共同作業場であった。日記によると、ルキーニは植木箱、雑誌、蠟燭《ろうそく》用の缶、ボンボンを詰めるための箱、スリッパなどを作っていた。共同作業場では複数の囚人が作業に従事したが、沈黙を守らなければならなかった。夜になるとルキーニは独房に収容された。

こうした獄中生活はルキーニにとって貧しい少年時代に比べれば天国のように思えただろう。実際、ルキーニが恵まれた獄中生活を送っているという噂が広まり、オーストリア当局は改めて身柄の引き渡しを要求した。さらに脱獄事件が事態を紛糾させた。二人の脱獄囚は、エヴェシュ監獄の監視が緩かったと指摘した。新聞各紙が暗殺犯も脱獄したのではないかと憶測を一斉に書き立てたせいで監獄所長のアレクサンドル・ペランは対応に苦慮した。

脱獄事件から数日後、監獄所長にとってさらに困った事件が起きた。監獄の記録には次のように書かれている。

エヴェシュ監獄所長のペラン氏の殺害を企てたため、一〇日間にわたって地下牢［天井が低く暗い懲罰用の独房］に隔離してから四月三〇日まで独房に隔離する。四月三〇日から無期限に独房で［単独］作業させる。

いったい何が起きたのか。それはルキーニの過激な読書熱が引き起こした事件であった。ルキーニはホメロス、ウェルギリウス、ダンテ、モンテーニュ、パスカル、エルヴェシウス、モンテスキュー、ルソー、ヴォルテール、フェリシテ＝ロベール・ド・ラムネー、ショーペンハウアー、プティ＝サンなど古典作品から小説、哲学書、思想書、百科事典など与えられる本は何でも読み、会話の中で古今の著者や作品について正確に言及したり引用できたりするまでになった。たとえばルキーニはダンテの『神曲』に登場する地獄の門に刻まれている「永遠に創られしもののほか、わが前に創られしものなく、われは無窮《むきゅう》に立つ。われを過ぎんとする者、すべての望みを捨てよ（藤谷道夫訳）」という言葉を何度も書き写している。一九〇〇年だけで五〇冊を読了したという。そうした本の一部は慈善活動家のアーネスト・ファヴルによる差し入れである。一九世紀スイスの牧師ルイ・ブルニエによる『旧約聖書の研究』、一九世紀フランスの政治家アジェノル・ド・ガスパランによる『ルターと一六世紀の宗教改革』『家族』『真実の言葉』、一九世紀から二〇世紀初頭に活躍したドイツの牧師オットー・フィンケによる『わが人生の道筋につけられた神の足跡』『君と君の魂』『海と陸における聖パウロ』、一九世紀スイスの神学者フェリクス・ボヴェによる『聖地への旅』『ジンゲンドルフ伯爵』といった題名が挙げられている。

先述のようにエヴェシュ監獄では囚人は図書室から本を借りることができた。ただし借りられる本の冊数が決まっていた。労役に従事していない者は週に二冊の本を借りられたが、労役に従事している者は週に一冊の本しか借りられなかった。当初、ルキーニは労役に従事していなかったので二冊の本を借りることができたが、労役に従事するようになると一冊しか借りられなくなった。そこでルキーニは監獄所長に直接不満を訴えたいと面会を要望した。

二月二〇日夕刻、ペラン所長の前に出たルキーニは「監獄所長、お願いですから二冊ずつ本を貸してください。そうするほうがあなたのためになります」と懇願した。ペランが懇願を無視し続けると、突然、ルキーニが凶器を持ち出した。それはイワシの缶詰を開けるのに用いるブリキの巻き取り鍵をまっすぐに伸ばして先を尖らせ、スリッパの材料として使われている縁布で作った持ち手をつけた自作の凶器であった。この事件についてルキーニは以下のように述べている。

私は自分が何をしているかわかっている。監獄所長に関しても同じだ。私は武器を持っていた。私は左手で武器を彼に突きつけながらヴォルテールのように「私にとって世界で最も大事な本を奪われたらこれを使って成功を収めるしかない」と言った。

ルキーニが監獄から精神病院に移されるという噂が流れたが、ペランは明確に否定している。ペランによると、ルキーニは「笑顔で礼儀正しく快活であり、ほとんど荒れ狂うこともなければ興奮することもなかった」という。ただルキーニは自分の将来が失われたことを嘆いて涙を流すこともあった。ペランは、そうした苦悩のせいでルキーニが突発的に逆上することもあったと指摘している。ルキーニ自身も「もし自分が間違っていると思えば、私は赦しを乞うだろう。しかし、もし自分が正しいと思えば、私は屈服させられるくらいなら五〇回死んだほうがましだ」と述べている。

記録によると、一九〇〇年二月二〇日の件のほかにルキーニは一九〇一年と一九〇二年に少なくとも五回にわたって軽微な違反による処罰を受けている。たとえば、ほかの囚人と秘かに連絡を取るという違反を犯している。

またペランは、獄中でルキーニが自分に倣った無政府主義者が出たかどうか、自分のことが新聞でどのように報じられているか気にしていたと記している。ルキーニは「私が新聞に掲載されているのを見たいのは私の名前ではなく私の犯罪である」と述べている。ペランにとってルキーニは「虚栄心の強い男」であり、「その行動の唯一の動機は虚栄心」であった。

獄中でルキーニは日記をつけていた。ただそれはアシェット社の年鑑に書き込まれた簡素な日記であった。年鑑は生活に役立つ知識を詰め込んだ小百科事典であり、日記や暦としても利用できた分厚い書籍である。ルキーニが作業で得られる月給は八フラン程度であった。年鑑の価格は三フラン五〇サンティームであった。ルキーニの手持ちのお金で気軽に購入できるような値段ではなかった。それはほかに購入した物と比べるとよくわかる。ルキーニは煙草八箱を一フラン六〇サンティーム、パイプ一本を一フラン、鉛筆一本を一〇サンティームで購入している。おそらくルキーニは年鑑を少なくとも九冊入手したようだが、現存しているのは一九〇一年の年鑑一冊のみである。

日記の内容は初雪が降ったこと、独房の扉の外に置いた尿瓶《しびん》をひっくり返して罰を受けたこと、地下牢からようやく解放されたこと、友人からチョコレートを受け取ったことなど日常の出来事が主である。チョコレートの贈り主である友人とは獄中で知り合った。その友人は釈放された後、ルキーニに何度かチョコレートや本を贈っている。そのお返しとしてルキーニはスリッパをクリスマス・プレゼントとして贈っている。

日記に綴られた文章はいずれも短く、特筆するべき記述はあまりない。ただ「あの日の三周年だ。私は決して忘れないだろう。独房にて」といった興味深い記述も稀にある。またエリザベートを想起させるような黒衣の貴婦人のスケッチも描かれている。日記はフランス語で書かれている。記録だけではなくフランス語の学習も兼ねていたようだ。

先述のように読書熱は思わぬ事件を引き起こしたが、ルキーニの思想に大きな影響を与えている。二人の精神科医の診察を受けた際にルキーニはあれほど傾倒していた無政府主義を否定する発言をしている。たとえば「八人家族でも家長がいなければ秩序は保てない。数百万の家族がいればなおさらそうだ」とルキーニは述べている。また「無政府主義者には法が存在しないと言われている。それなら私は無政府主義者ではない」とも言っている。去り際に二人の精神科医が何か書いてほしいと求めると、ルキーニは「市民が役人に服従し、役人が法律に服従すれば社会はより良く統治される」という古代ギリシアの七賢人の一人であるソロンの言葉を引用した。

一九〇二年六月下旬に軽微な違反による処罰を受けた後、ルキーニはおとなしくなった。規則正しく作業に従事するようになったルキーニは労賃で本を購入したり、新聞を購読したりしていた。

一九〇五年八月二〇日、ルキーニはかねてより購読していた『レ・アナル・ポリティーク・エ・リテレル紙』に掲載されていた自分に関する記事を見て我が目を疑った。それはエヴェシュ監獄でルキーニがひどい扱いをずっと受けていると訴えたうえ、それならギロチンでひと思いに処刑するほうがましだと批評する記事であった。激怒したルキーニは抗議の手紙を送ってほしいと監獄所長に求めた。違反によって罰を受けることがあったとはいえ、ルキーニにとってエヴェシュ監獄での待遇は恵まれたものだったからである。

先述のアメリカ領事の報告によると、独房は日当たりが良く、広く清潔であり十分に換気が行き届いていた。アメリカの刑務所と比べると格段に良い待遇であったという。独房のテーブルの上にはスイスの歴史に関する本が置かれていた。逮捕後、ルキーニは口髭を剃るようになり、日焼けが薄れて肌の色が白くなり、体つきは太ったように見えたという。さらにルキーニの手紙を読むと、獄中生活を垣間見《かいまみ》ることができる。

私の独房は**地下**ではなく**高い所**、すなわち三階にあり、太陽が昇ったり沈んだりするのを見ることができます。

［中略］

入って左にベッドがあります。ベッドは安楽を好む者には不十分なものかもしれないが私のような質実剛健な者には十分なものです。オテル・デュ・トロカデロ［パリ中心部にあった高級ホテル］のように電灯も電鈴もあります。鏡は偽物でなければサン＝ゴバン製です。六つに枝分かれした衣装掛けもあります。つまり、それは私がそれだけ衣服を与えられていることを意味しています。さて私はここで帽子を脱ぐことにします。というのも私の……聖域、すなわち三段の棚の

ルキーニが収容されていた独房68番

La Tribune de Genève, 21 octobre 1910.

前にいるからです。蜘蛛《くも》やゴキブリはいません。何匹かの醜い蠅《はえ》を除けば、牢獄のこの領域には虫がまったくいません。本がたくさんあります。私のような男の外見から想像できるようなありふれた本ではなく、古典と呼ばれる作品があります。題名を聞いてみたいでしょうか。少し興味があるならきっと満足してもらえるはずです。すなわち以下のとおりです。一段目にはモンテスキュー［の作品］がすべて揃っています。ジャン＝ジャック・ルソー［の作品］もほとんど欠けていません。三段目はローマの歴史家たち［の作品］の重みで曲がっていますが、二段目にあるモンテーニュとパスカルによって支えられているおかげで倒壊せずにすんでいます。二段目には私の多くの教科書や手帳も収納されていて、（とても良心的な［ファヴル］先生の導きによって）私はフランス語やドイツ語を学ぶ喜びを味わいました。ダンテ［の作品］は暗記してしまったのでベッドの下に保管しています。

［中略］

食物についてはどうでしょうか。この野蛮だと言われている国の牢獄に入るまで私はこれほどおいしく満足できるまで食事をしたことはなかったと断言します。一週間のどの曜日の献立を紹介しても仕方がないと私は思っています。なぜなら信じてもらえそうにないからです。私が**カフェ・オ・レ**や**チョコレート**といった例を挙げても、きっと夢の中で見たにすぎないと言われるだけではないでしょうか。食物［の話題］は終わりにして、では衣服［の話題］に移りましょう。靴下を履くのに慣れるまで少なくとも六カ月もかかったと聞いて信じられるでしょうか。三日ごとに靴下を履き替える規則があります。それはルキーニがこれまで靴下をろくに履いたことがなかったために設けられた規則かもしれません。

下着に関しては［靴下と］同じだとは言えません。兵役に就いていた頃から私は下着を穿いていました。そうでなければ靴下と同じく［獄中で］初めて［下着を］穿くことになっていたでしょう。毎週二枚のハンカチ、（年金生活者のような）就寝時の帽子、ネクタイなどまっとうな人間だった頃は知らなかったが**脛《すね》に疵《きず》持つ者**［直訳すると「ハイエナ」だが、転じて「残忍で卑劣な者」といった意味を指す］になってから身につけている物があります。

不審死

一九〇七年の終わり頃、フランス語を十分に習得したと確信したルキーニは回顧録の執筆を始めようと決意した。回顧録が綴られている青い手帳は監獄から支給された物である。支給された手帳以外に執筆したり、頁を破いたりすることを禁止するなど取り扱いに関する厳格な規則が監獄によって設けられていた。

一九〇八年一月一日、ペランが更迭され、新たにジャン・フェルネが監獄所長に就任した。この人事について歴史家のユースフ・フェミは「異例の抜擢」であると指摘している。年功序列を無視した人事だったからである。なぜフェルネが所長に据えられたのか。ルキーニは快適な獄中生活を送っているという話が巷《ちまた》に広まっていたせいでジュネーヴ当局が依然として強い批判にさらされていたことが関係しているように思われる。

ペランは寛容な人物であったが、フェルネは抑圧的な措置を厭わない人物であった。着任早々、ルキーニの独房を訪れたフェルネはこれまでよりも厳しく囚人を監督する旨を宣告した。

一九〇九年初め、回顧録の第一部が完成した。その時点で回顧録が記された手帳は全五冊約二〇〇頁に及んだ。続けてルキーニは青年時代を扱った第二部の執筆に取り掛かろうとした。実際に第二部を書き進めていたようである。ただ第二部の冒頭が記されたと考えられる部分が三頁にわたって破り取られているので内容は不明である。いったい誰が何のためにそのようなことをしたかは不明である。

さらに不可解なことが起きた。一九〇九年三月一五日、回顧録と年鑑が忽然と消えてしまったのである。ルキーニが叫び声を上げたので、監獄所長は回顧録と年鑑を探すために独房の本をいったん運び出すように看守に命じた。その作業の邪魔にならないようにルキーニは独房から連れ出されたが、暴れて窓ガラスを三枚も割った。結局、回顧録と年鑑は見つからなかった。

その後、ルキーニは反抗的な言動をくり返したせいで六日間の地下牢への収容と三〇日間の独房での隔離を科された。地下牢から独房に戻ったルキーニはその変わり果てた様子に驚いた。さまざまな物が撤去され、壁から吊り下げられたベッドには南京錠が掛けられていた。決まった時刻にならなければ解錠されず、好きな時刻にベッドに横たわることができなくなった。

一九〇九年五月三日の監獄日報によると、「ルキーニは処罰を受けている間に四冊か五冊の手帳がなくなったと不満を訴えている」という。ルキーニの訴えに対して監獄所長は誰もそのような物を見ておらず、ごみと一緒に燃やされたのではないかと記している。そのような監獄所長の主張には疑念が残る。厳格な規則が設けられているにもかかわらず、手帳がそれほど粗雑に取り扱われるだろうか。

さまざまな疑惑についてカッポンは、ある看守が回顧録と年鑑を盗み出し、共謀者の監獄所長がその事実を隠蔽したのではないかと推測している。ルキーニの死後、監獄の関係者たちがルキーニの痕跡を急いで消そうとした時、一人の看守が回顧録と年鑑を取り戻して自分のもとで保管したという。その看守こそ「訳者による解説」で登場した元看守である。

五月一八日午後一時三〇分、抗議のために独房の物を壊したルキーニに「パンと水だけで地下牢に六日間にわたって監禁し、一カ月にわたって懲罰独房に隔離する」処罰が下された。その後の記録を見ると、五月二四日に「もし叫び続けるなら［地下牢から］解放されることはないとルキーニに忠告した」とある。そして五月二五日午後一時三〇分、「ルキーニは地下牢から出され三五番の懲罰独房に移された」と記されている。事件はその時に起きた。

ルキーニは地下牢から出ることを拒んだ。看守によって引きずり出されたルキーニは二階にある懲罰独房に移される途中、中庭にフェルネが立っているのを見つけた。次の瞬間、ルキーニは中庭に面した通廊から飛び降りた。四メートルの高さから落下したルキーニは足を捻挫した。もしフェルネが脇に避けていなければ、ルキーニの身体が直撃していたかもしれない。なぜルキーニは突発的な行動に出たのか。フェルネが回顧録と年鑑を盗んだとルキーニは思っていたからだ。

この事件の後、ルキーニの身柄を精神病院に移す措置が検討された。しかし、ナヴァッザ検事総長は精神病院から逃亡する恐れがあるとしてルキーニの移送を認めなかった。ただ一九〇九年七月に医師による診察が実施されることになった。その結果、ルキーニは精神状態が不安定なので何を言っても信じるべきではないという診断が下された。

七月一六日、フェルネは「彼の欺瞞、傲慢、悪意はまだ続いており、きっと近いうちに彼を地下牢に収容しなければならなくなるだろう。ルキーニを赦してしまえば、不服従な行動をしたほかの囚人を罰することが難しくなる」と記している。またフェルネはルキーニを厳しく監視して異常な発言や行動があればすぐに報告するように看守たちに通達している。締め付けが厳しくなり、囚人たちの間に不穏な空気が漂った。

ルキーニは共同作業からしばらく外され、看守の厳しい監視下に置かれたまま独房で製本作業に従事した。それを侮辱だと見なしたルキーニはジュネーヴ警察局長に二度にわたって手紙を書き、「精神的な苦痛」を受けていることを訴えようとした。しかし、手紙の返事はなかった。警察局長のもとに手紙が届いた形跡もない。

一九一〇年一〇月一四日、ルキーニは体調を崩した。翌日、体調が回復しなかったものの、ルキーニはほかの囚人と同じく作業に従事するように指示された。その日、ルキーニは裁判で弁護人を務めたピエール・モリオに面会を要望した。モリオは法律上の後見人になっていた。しかし、要望が伝えられた形跡はない。

一〇月一六日、製本作業に従事していたルキーニは現場監督に裁断に使う道具を求めた。その際に口論になり、ルキーニは現場監督を「酔っ払い」だと罵った。報告を受けたフェルネはルキーニを独房に三日間隔離するように命じた。激昂したルキーニは「本当のことを言っただけだ」と叫びながらあらゆる物を手当たりしだい独房の壁や扉に投げつけて壊してしまった。割れた窓ガラスの破片がエヴェシュ監獄の下にあるブール＝ド＝フール広場に落ちて人だかりができた。記念品として破片を持って帰る者まで現れた。午前一〇時頃のことであった。

六人の看守が直ちにルキーニの独房に向かった。フェルネは「弁護士に面会させろ」と叫ぶルキーニを無視して地下牢に監禁するように命じた。看守たちは逆上したルキーニを殴り倒して地下牢に押し込んだ。

これまでルキーニが何度も収容されてきた地下牢は全部で五つ設けられていた。外の物音が聞こえないように分厚い鉄と木の二枚の扉で完全に遮断されていた。「本物の墓場」と評された各独房は幅一・八五メートル、奥行き三メートル、高さ二メートルの空間であった。天窓があったが、正午頃の三〇分間ほどしか光が差し込まなかった。与えられる食事は丸形パン一つと水だけであった。鼠にパンをよく齧られたという。寝具は蓆《むしろ》と薄い毛布だけである。

午後六時少し前、ルキーニは天窓の鉄格子に革紐を引っ掛けて首を吊って自死した。ルキーニが天窓の蝶番《ちょうつがい》を部分的に壊し、露出した金具に革紐を引っ掛けたとする資料もある。革紐はベルト代わりに使っていたものであり、幅二センチメートル、長さ七五センチメートルであった。足元には尿瓶が転がっていた。状況から判断すると、尿瓶を足台代わりにして首を吊ったと考えられる。後に取材に訪れた歴史家のユースフ・フェミに対してフェルネは「ルキーニの服はぼろぼろであり、彼の脚は誰かにひねられたようにねじれていた。彼の顔は変形して腫《は》れ上がり、目が飛び出していた」と回想している。

午後七時の巡回で看守が死亡しているルキーニを発見した。実はその一時間前にも巡回は実施されていたが、ルキーニの叫び声が聞こえたために安否は確認されなかった。ルキーニの叫び声は珍しいものではなく、叫び声が聞こえたのであれば生きているはずだと判断されたからである。

一九一二年に実際に地下牢を見学したフェミはルキーニが死に至った状況に不審な点があると指摘している。換気用の天窓は内部からほとんど見えず、容易に手が届かない構造になっていた。革紐を鉄格子に掛けようとすれば、邪魔になる補強用の控え壁を一メートル以上も壊さなければならなかった。

またフェミはフェルネから聞き取りをしているが、ルキーニが素手で控え壁を壊したというフェルネの説明に対して「物理的に不可能である」とフェミは断言している。

さらにフェミによると、ルキーニが死亡した時の状況を示す写真が司法当局の書庫に保管されていたという。原本を閲覧したフェミは「形容し難い恐怖と苦痛の表情が囚人の顔から読み取れた」と述べたうえ、「政治的に厄介な存在である囚人を始末したいというあまりに専制的な欲求を露呈させている」と評している。そしてフェミはルキーニの死について「民主主義とキリスト教に基づく偽善によって死刑判決が下されなかった人物に適用された［実質的な］死刑制度」によるものだと厳しく糾弾している。

不審な点はほかにもある。自殺防止のためにルキーニにはフォークもスプーンも与えられていなかったにもかかわらず、なぜ革紐があったのか。そもそも地下牢に収容される囚人はベルトの使用を禁止されていた。フェミがルキーニの死亡時の写真の複写を求めたにもかかわらず、司法当局はなぜそれを拒んだのか。当初、看守がルキーニの死の第一発見者であると言われていたが、フェミの取材を受けた時になぜフェルネは自分が第一発見者だと語ったのか。このような疑問点を挙げたうえでカッポンは以下のように結論づけている。

自殺説を認めるか否か、彼の死が絶望によるものだと見なすか、それとも陰謀によるものだと見なすかにかかわらず、今日、確実に言えることがある。ルイジ・ルキーニは自分に残された唯一の尊厳である自分の記録を失ったせいで死んだ。

また回顧録をイタリア語に翻訳したコラッド・トルフェッリも関係者の証言の矛盾点を突いたうえ、看守たちがルキーニを襲撃して「『自殺』を演出した」と指摘している。

午後九時、ルキーニの遺体は亡くなった時と同じ状態で棺に納められて運び出された。首にはまだ革紐が巻き付いていていた。向かう先は司法解剖室である。

解剖の結果、死因は窒息死であると断定された。顔の型が取られた。型には革紐の跡までくっきりとついていた。続いてルキーニの頭部が切断され、開かれた頭蓋から脳が取り出された。それは犯罪者の脳にはなんらかの器質的異常が認められるに違いないという推論に基づく処置であった。ロンブローゾの生得的犯罪者説は精神医学の発展にともなって否定されつつあったが、いまだに影響は大きかった。

脳は細部に至るまで調べられたが特に異常は見つからなかった。頭蓋を縫合した後、頭部はホルムアルデヒドの入った容器に収納された。取り出された脳は別の容器に保管された。実物を見たカッポンによると、ルキーニの頭部には頸部がほとんど付属していないために革紐の痕跡は認められなかったという。

司法解剖室で保管されていたルキーニの頭部は一九二〇年に新しく建設された法医学研究所に移管された。その後、頭部は法医学研究所で静かに眠り続けていたが、一九八四年にその存在が報道によって広く知られるようになった。それが契機となり、一般公開しないという条件でウィーン法医学研究所への引き渡しが決定した。

一九八五年一二月、ルキーニの頭部はジュネーヴから秘かにウィーンに運ばれ、それ以後、法医学研究所で保管されている。またエリザベートの命を奪った凶器も同じく法医学研究所で保管されている。

あとがき

本書ではこれまで日本であまり詳しく紹介されることがなかったルキーニの生涯を追った。いかに不遇な生い立ちであれ、ルキーニの凶行は弁解の余地のないものである。ルキーニがどのような思想を持っていても暴力に訴えることは言語道断であることは間違いない。また悲惨な境遇に生まれても誰もが犯罪者になるわけではない。

ただルキーニが凶行に至った背景を理解することは重要な意義を持つと私は考えている。もしルキーニが恵まれた環境に生まれていれば凶行に走ることはなかったかもしれない。凶行に至る前にどこでどのように救いの手を差し伸べればルキーニはあやまちを犯さずにすんだのか。そうした問いは現在にも通じる問いだと思う。

またルキーニについて知ることはミュージカル『エリザベート』についてより深く考察するのに役立つだろう。回顧録を編纂したカッポンは次のように述べている。

一九九二年からウィーンで上演されているミヒャエル・クンツェとシルヴェスター・リーヴァイによるミュージカルは古いシシィ伝説を忘却の彼方《かなた》へ追いやった。帝国のヒロインが死神と恋に落ちていることが明らかになる一方、ルキーニは実体がないものの、劇中を通して狂言回しにして語り手というあらゆる場面に存在する役割を演じる。そうした役割のおかげでようやく彼はちょっとした存在意義を得ることになった。たとえ彼もまた苦悩を抱く血の通った生身の人間であることが忘れられてしまっているとしても、彼は死の成就を可能にする無視できない媒介者である。

ミュージカルは「ルキーニよ、なぜエリザベートを殺したのか」という台詞から始まる。「皇妃本人が望んだのだ」が答えである。

カッポンは殺害者であるルキーニと犠牲者であるエリザベートの二人の運命が分かちがたく結びついていると指摘している。ルキーニがいたからこそエリザベートは悲劇的な死を遂げて「神話」となり、エリザベートがいたからこそ無名な労働者であったルキーニは伝説的な暗殺者になった。さらにカッポンはルキーニが独房にエリザベートの写真を貼っていたことと獄中で母親への愛に目覚めたことに触れ、「エリザベートの流した血が彼の生涯における唯一の愛、すなわち死を迎える際の最期の救済をもたらした」と述べている。カッポンによれば、『エリザベート』の脚本家は端的な言葉でそうした「真実」を暴露したという。ただそれは脚本家の直感によるものであり、これまで裏付けはなかった。回顧録の公開によってルキーニの実像が明らかになれば十分な裏付けになるとカッポンは考えた。

加害者のルキーニの言葉を翻訳したのであれば、被害者のエリザベートの言葉も翻訳しなければ不公平だと私は考えている。そこでもし読者のご要望が多く集まればエリザベートの『韻文日記』を翻訳したいと思っている。またスターライ伯爵夫人の『皇妃エリザベートの晩年』の翻訳にも関心がある。皇妃の最期を看取った侍女であるスターライ伯爵夫人は巧みな筆致と卓越した感性で晩年のエリザベートを描いている。いずれか、もしくは両方を翻訳できる日が来ることを願ってやまない。

西《にし》川《かわ》秀《ひで》和《かず》

主要参考文献

Cappon, Santo. *"Ich bereue nichts!": Die Aufzeichnungen des SiSi-Mörders*. Paul Zsolnay Verlag, 1998.

Cappon, Santo. *Mémoires de l'assassin de Sissi*. Cherche midi éditeur, 1998.

Fehmi, Youssouf. *Affaire Lucheni, 1898-1910 : l'assassin de l'impératrice Elisabeth d'Autriche, sa détention, son suicide*. Chez Vigot frères, 1913.

Lucheni, Luigi. *Come e perché ho ucciso la principessa Sissi*. Archiv der Generalstaatsanwaltschaft, 2009.

Lucheni, Luigi. *Ob mit Dolch, Feile od er Revolver: Textsammlung zur Ermordung der Kaiserin Sissi durch den Anarchisten Luigi Lucheni*. Unruhen, 2013.

Ladame, Paul-Louis. *Le régicide Lucheni: étude d'anthropologie criminelle*. A. Maloine, 1907.

Matray, Maria und Answald Krüger. *Das Attentat: Der Tod der Kaiserin Elisabeth und die Tat des Anarchisten Lucheni*. Piper, 2000.

Niederhauser, Emil. *Attentat auf Elisabeth, Königin von Ungarn*. Corvina Verlag, 1990.

Pernicone, Nunzio and Fraser Ottanelli. *Assassins against the Old Order: Italian Anarchist Violence in Fin de Siècle Europe*. University of Illinois Press, 2018.

Pérusse des Cars, Jean Marie. *Elisabeth d'Autriche, ou, La fatalité*. Librairie Académique Perrin, 1983.

Pirntke, Gunter. *Aufstieg und Fall der Kaiserin von Österreich*. Lulu Press, Inc., 2013.

Sanz, Isidre Cunill. *El último vals de Sissi: Las Memorias de Luigi Lucheni, un Asesino Casual*. Sekotia, 2020.

Sztáray, Irma. *Aus den letzten Jahren der Kaiserin Elisabeth*. A. Holzhausen, 1909.

Truffelli, Corrado. *Vita e morte dell'assassino di Sissi*. fermoeditore, 2017.

パスカル(塩川徹也訳)『パンセ(中)』岩波文庫(二〇一五)

藤谷道夫「ダンテ『神曲』地獄篇対訳(上)」『帝京大学外国語外国文学論集第一六号』(二〇一〇)所収

ルイジ・ルキーニ
Luigi Lucheni

イタリアの無政府主義者。1873年、パリで生まれ、生後間もなく実母に養育を放棄され孤児院で育つ。10代の頃から職を転々とする生活の中で無政府主義に傾倒。1898年、皇妃エリザベートを暗殺。終身刑を宣告され、11年の獄中生活中に独房で回顧録を執筆。1910年、未完のまま謎の死を遂げた。享年37。

皇妃エリザベート
Elisabeth von Österreich

オーストリア−ハンガリー帝国皇帝（兼ハンガリー国王）フランツ・ヨーゼフ1世の皇妃。1837年、バイエルン王国ヴィッテルスバッハ家に生まれる。伝統と格式を重んじる厳格な宮廷から逃れ流浪の日々を送り、1898年、ルイジ・ルキーニにより旅先で暗殺。享年61。

西川 秀和（にしかわ ひでかず）

大阪大学外国語学部非常勤講師。1977 年、大阪府生まれ。早稲田大学大学院社会科学研究科博士後期課程修了。近著に『アンドリュー・ジャクソン伝記事典　マーティン・ヴァン・ビューレン伝記事典』(大学教育出版)、『アメリカ人の物語 5—建国の父ジョージ・ワシントン(下)』(悠書館)など。

皇妃《こうひ》エリザベートの暗殺者《あんさつしゃ》　ルイジ・ルキーニ回顧録《かいころく》

2024年5月29日　第1刷発行

著　者　ルイジ・ルキーニ
翻訳・解説　西川秀和《にしかわひでかず》
発行者　岩瀬 朗

発行所　株式会社 集英社インターナショナル
〒101-0064　東京都千代田区神田猿楽町1-5-18
電話　03-5211-2632
発売所　株式会社 集英社
〒101-8050　東京都千代田区一ツ橋2-5-10
電話 読者係 03-3230-6080
販売部 03-3230-6393(書店専用)
印刷所　TOPPAN株式会社
製本所　ナショナル製本協同組合

ISBN 978-4-7976-7448-4 C0098